政治自由的理性反思
与实践本质

施晓花 著

东南大学出版社
SOUTHEAST UNIVERSITY PRESS
·南京·

图书在版编目(CIP)数据

政治自由的理性反思与实践本质／施晓花著. ——南京：东南大学出版社，2020.7
 ISBN 978-7-5641-8739-2

Ⅰ.①政… Ⅱ.①施… Ⅲ.①自由-研究 Ⅳ.①D081

中国版本图书馆 CIP 数据核字(2019)第 282344 号

政治自由的理性反思与实践本质

著　　者	施晓花
责任编辑	陈　淑
编辑邮箱	535407650@qq.com
出版发行	东南大学出版社
出 版 人	江建中
社　　址	南京市四牌楼 2 号(邮编：210096)
网　　址	http://www.seupress.com
电子邮箱	press@seupress.com
印　　刷	江苏凤凰数码印务有限公司
开　　本	700 mm×1000 mm　1/16
印　　张	10.75
字　　数	206 千字
版印次	2020 年 7 月第 1 版　2020 年 7 月第 1 次印刷
书　　号	ISBN 978-7-5641-8739-2
定　　价	56.00 元
经　　销	全国各地新华书店
发行热线	025-83790519　83791830

(本社图书若有印装质量问题，请直接与营销部联系，电话：025-83791830)

前言
PREFACE

政治哲学是对现实政治社会的价值追问和应然性判断,是对现实政治生活正当性与否的学理解析和理性评判,政治哲学为现实政治社会"应当是什么"提供了理论基础与价值导向。本书在政治哲学视域中,完成了对自由、政治自由、自由主义政治自由、马克思主义政治自由的理论探源、内涵剖析、属性界定、价值反思。同时,紧密结合时代发展的新特点、新要求、新趋向,充分挖掘政治自由的社会功能,致力于为处于发展关键期、改革攻坚期与社会矛盾凸显期的当代中国构建一种既严肃又活泼、既有序又生动的政治生活面貌。

政治自由的重要属性是"社会—个体互构"性。"社会—个体互构",即作为"人的集合体"的社会与个体的互动、互助、同生共存,摈弃了"社会单构"或"个体单构"。在政治自由的范畴中,社会规范性的充分发挥与个体主体性的充分弘扬平分秋色,缺一不可。"社会—个体互构"既确立了公民的权利,又道明了公民的责任;既确立了社会共同体的义务,也弘扬了社会共同体的主体性;既讲自由,也讲道德与法治;既确认权利,也制衡权力。由此必将大力推进中国政治发展的步伐。

马克思主义"共同体—个体互构"范式是在马克思主义的语境中对"社会—个体互构"范式的发展。马克思的政治自由观以其"共同体—个体互构"范式为平台,强调人的"共同体"属性,呼唤人的"主体性",阐明共同体的有机性,并由此指出实现政治自由归根结底取决于处于共同体中的能动的人。马克思政治自由观的"共同体—个体互构"范式要求我们彰显公民和党员的主体地位,要健全公民政治参与制度,强化公民社会的建设。由此,我们可以得出这样的一个结论:社会主义政治自由是社会主义政治文明建设的重要内容,建设社会主义政治自由务必要在马克思主义指导下,从政治意识、政治制度、政治行为三维入手,培养现代公民意识、完善政治制度建设、推进政治行为建设,为实现人的自由而全面发展创造条件。

目录 CONTENTS

第一章　绪论 ……………………………………………………… 1
　一、研究的背景和缘起 ………………………………………… 1
　二、研究的目的和意义 ………………………………………… 3
　三、国内外研究的历史与现状评介 …………………………… 4
　四、研究思路、方法与创新点 ………………………………… 10

第二章　自由及其存在样态 …………………………………… 15
第一节　自由 …………………………………………………… 15
　一、自由的哲学之维 …………………………………………… 15
　二、自由的政治学之维 ………………………………………… 19
　三、自由的经济学之维 ………………………………………… 20
　四、自由的自然法之维 ………………………………………… 21

第二节　政治自由 ……………………………………………… 24
　一、古代自由与现代自由 ……………………………………… 25
　二、消极自由与积极自由 ……………………………………… 28

第三节　自由主义政治自由 …………………………………… 31
　一、自由主义政治自由观的理论基石 ………………………… 32
　二、自由主义政治自由观的现实诉求 ………………………… 36

第四节　马克思主义政治自由 ………………………………… 40
　一、马克思主义政治自由观的理论基石 ……………………… 41

二、马克思主义政治自由观的现实诉求 …………………………… 44

第三章　西方自由主义历史流变中的政治自由　48
第一节　近现代资产阶级运动变迁中的政治自由　48
　　一、重新确立政治权力的来源 ………………………………………… 49
　　二、强调个人与社会的融合 …………………………………………… 49
　　三、重视政府的积极作用 ……………………………………………… 50
　　四、尊崇现代民主政治 ………………………………………………… 53
　　五、力促社会和谐 ……………………………………………………… 55
第二节　当代自由主义流派对话中的政治自由　56
　　一、政府地位与作用的再思考 ………………………………………… 56
　　二、正义原则的重新构建 ……………………………………………… 62

第四章　中国传统政治生态进化中的政治自由　67
第一节　中国传统政治的特点分析　67
　　一、中西方政治哲学的不同特点 ……………………………………… 67
　　二、中国传统政治的合法性思维 ……………………………………… 68
第二节　乌托邦政治理想中的政治自由　69
　　一、"大同世界"中的政治自由 ………………………………………… 69
　　二、"太平天国"中的政治自由 ………………………………………… 70
第三节　救亡图存中的政治自由　72
　　一、改良派变法维新中的政治自由 …………………………………… 72
　　二、"辛亥革命"时期的政治自由 ……………………………………… 75
　　三、五四时期的政治自由 ……………………………………………… 76
　　四、中国式自由主义的形成 …………………………………………… 78
第四节　中国传统政治自由观的历史局限性　81

第五章　政治自由的基本属性与发展向度　82
第一节　政治自由的"社会—个体互构"性　82
　　一、"社会—个体互构"的自由观弘扬个体在社会场域中的主体性 ……… 82

二、"社会—个体互构"的自由观扬弃了自由主义自由观和社群主义自我观 ……………………………………………………………… 83

　　三、"社会—个体互构"的自由观是马克思主义自由观的重要组成部分 …… 84

第二节　政治自由与经济基础 ……………………………………… 86

第三节　政治自由与政治权利 ……………………………………… 87

第四节　政治自由与人性发展 ……………………………………… 89

　　一、人性自由的局限性 …………………………………………… 89

　　二、追求自由是人性使然 ………………………………………… 91

　　三、社会性是政治自由的生产依据 ……………………………… 92

第五节　政治自由与道德原则 ……………………………………… 95

　　一、政治自由之道德状态 ………………………………………… 96

　　二、追求自由之道德价值 ………………………………………… 97

　　三、政治自由之道德追求 ………………………………………… 98

　　四、政治自由之道德标准 ………………………………………… 99

第六节　政治自由与法治精神 ……………………………………… 100

　　一、对自由的限制换得了对自由的保障 ………………………… 100

　　二、政治自由是法治的核心价值 ………………………………… 101

第六章　马克思主义政治自由观的社会实践本质 ……………… 103

第一节　马克思主义政治自由观的"共同体—个体互构"范式 ……… 103

　　一、马克思政治哲学语境中的"共同体"与"个体" ……………… 103

　　二、"共同体—个体互构"范式的体系解析 ……………………… 106

　　三、"共同体—个体互构"的理论品质 …………………………… 108

　　四、"共同体—个体互构"的当代价值 …………………………… 110

第二节　马克思主义政治自由观的建构路径 ……………………… 111

　　一、阶级的立场建构 ……………………………………………… 112

　　二、社会的发展建构 ……………………………………………… 114

　　三、理想的目标建构 ……………………………………………… 116

第七章　马克思主义政治自由观的价值省思 ………………… 121
第一节　马克思主义政治自由观的经济价值 ………………… 121
一、为经济自由提供理论基础 ………………………………… 121
二、为经济发展提供制度导向 ………………………………… 122
三、为经济安全提供预警导向 ………………………………… 123
第二节　马克思主义政治自由观的政治价值 ………………… 123
一、推动人权建设 ……………………………………………… 123
二、完善政治人格 ……………………………………………… 125
三、促进政治民主 ……………………………………………… 125
四、扩大政治包容 ……………………………………………… 126
五、保障政治安全 ……………………………………………… 127
第三节　马克思主义政治自由观的文化价值 ………………… 127
一、提升文化软实力的内在需要 ……………………………… 128
二、发展先进文化的集中体现 ………………………………… 129
三、维护文化安全的时代需要 ………………………………… 129
第四节　马克思主义政治自由观的意识形态价值 …………… 130
一、有利于准确理解资产阶级政治自由观的局限性 ………… 130
二、有利于推动政治话语权建设 ……………………………… 131
三、有利于推动核心价值观建设 ……………………………… 131
四、有利于维护意识形态安全 ………………………………… 132

第八章　社会主义政治自由的建设发展之路 ………………… 133
第一节　推进社会主义政治自由的政治意识建设 …………… 133
一、主体意识 …………………………………………………… 133
二、规则意识 …………………………………………………… 134
三、责任意识 …………………………………………………… 135
四、守法意识 …………………………………………………… 136
五、集体意识 …………………………………………………… 136
第二节　推进社会主义政治自由的政治制度建设 …………… 137
一、健全公民政治参与制度 …………………………………… 137

二、推进社会主义民主的"帕累托效应"与法治 …………………… 137
　　三、完善权力分配的"囚徒困境"与制约体制 …………………… 138
　　四、推进政治国家与公民社会之间的良性互动 …………………… 141
　第三节　推进社会主义政治自由的政治行为建设 …………………… 145
　　一、构建新型政治参与模式 ………………………………………… 145
　　二、构建新型政治管理模式 ………………………………………… 146

结语：人间最美话"自由" …………………………………………… 149

主要参考文献 …………………………………………………………… 152

后记：漫漫求知路 ……………………………………………………… 158

第一章

绪　　论

一、研究的背景和缘起

当前,我国政治哲学界研究的一个突出特点是,借助于全球化、新技术革命浪潮以及中国特色社会主义的新特点,学者们尤为关注对当代西方学术大师的思想解读,这无疑对我们了解当代西方政治哲学的现状具有重要作用,对我国政治哲学的发展具有重要借鉴意义。但是,西方政治哲学的意识形态性质不容忽视,在弘扬主旋律、维护马克思主义意识形态,推进社会主义政治文明建设的今天,学术界对政治哲学基本问题的梳理和规范存在着相对的不足,对具有中国特色的政治哲学理论体系的构建相对薄弱。因此,在系统解读、评析当代西方政治哲学流派和理念的基础上,我们面对的是如何担负起建构马克思主义政治哲学的基本理念、理论体系、话语系统的重要职责。

职责就是使命。尽管基础理论研究存在枯燥性,并且研究周期长、难度大,但忠诚使命、献身使命是每一位有责任心的理论工作者应有的心态。从 2004 年读研究生开始,笔者就关注对政治自由的研究:从人头上看,重点关注了马克思以及以赛亚·伯林、邦雅曼·贡斯当的自由思想;从研究的领域来看,重点关注了作为意识形态的政治自由,作为思想流派的自由主义、女权主义;从研究的理念来看,重点关注了与政治自由相关的政治民主、政治和谐、政治宽容;等等。这种研究为深度解读政治自由的精神存在奠定了理论基础,在本书中也能看到相应的研究轨迹。

政治自由是政治哲学的基本学理范畴,也是在西方资产阶级革命中发出耀眼光芒的社会实践运动,是文艺复兴以来西方文明的基本价值诉求,也成为西方社会基本政治制度的学理基础。与此同时,自由、民主和人权之类的话语,也成为当代西方国家经常挂在嘴上并审视和指责其他国家的价值观的口实。然而,以自由主义为主流意识形态和基本制度基础的西方资本主义正因经济状况恶化、社会问题迭出、阶级矛盾激化而备受责难和非议。由此,借助马克思主义的立场、观点和方法,去重估自由主义全部的价值预设,揭示西方政治自由观的理论局限和现实危机,回应和反击西方自由主义主流意识形态、建构系统的马克思主义政治自由观的历史机缘已经到来。

应该说,厘清政治自由的精神存在是本书研究的理论基础和前提,如此,方能创建自由、政治自由、自由主义的政治自由、马克思主义政治自由的对话平台。在研究的过程中,研究者追溯、反思政治自由的"社会——个体互构"性,政治自由与政治权利、人性发展、道德原则、法治保障、社会形态的关系,以更中立与理性的立场维护马克思主义政治自由观的科学性和真理性。

事实上,在当代东西方利益博弈、政治格局风云变幻的过程中,西方国家对其意识形态强势倾销,对马克思主义意识形态丑化、淡化、弱化、西化、分化的趋势日益明显、不容忽视,作为政治哲学重要理念的政治自由,是意识形态的核心内容,也成为当代西方和中国意识形态领域斗争所争夺、争论的重要话语之一。因而,维护好、发展好马克思主义意识形态成为本书研究的原动力、生命力和创新力所在,是作者作为一名马克思主义理论工作者的责无旁贷的历史担当。

本书的研究力求深刻、精确与精致,创建学术的活力,挖掘政治哲学理论的生命力。在本书构思的过程中,研究者力图寻找一个切入主题、把握主题、穿越中西、融汇古今的阿基米德点,为了寻找这个点,研究者从王岩教授在2006年第1期《哲学研究》发表的《政治哲学论纲》出发,指出:政治自由研究的逻辑出发点是政治人性、政治理性、政治道德的交织互动,观照中西方历史的演进和社会的发展,围绕着人的主体性的泯灭、拘囿、复苏、张扬与政治发展的互动和博弈展开论述;辩证反思政治自由的多维价值——经济价值、政治价值、文化价值和意识形态价值;阐述马克思主义政治自由观鲜明的政治立场、科学的政治理念、契合时代发展的政治目标,并荡气回肠地畅想在中国特色社会主义语境中的政治自由的实践之路。

分析和批判、述评和反思是本书研究自始至终秉承的学术态度。人类历史多半是在政治场域的风声鹤唳、尔虞我诈、明争暗斗、血流成河中发展的,"战争"与"准备战争"成为人类生存的两种方式,与此同时,"自由"与"追求自由"成为人类发展的两种样态。在原始野蛮的政治生态中,人类对于自由个性和自由精神的无序的、粗犷的表达到现代法治社会中政治自由以一种文质彬彬的温情面目出现,人类对于自由的追求永不停歇、亘古常新。尤其是在道德向度和法治向度中的政治自由被界定为一种实际的社会关系中选择自我、确定自我的权利、能力和责任,如此,便引发了对一连串悖论的思考:如何评判自由地选择不自由的行为及其结果?自由的多元价值与自由至上的一元选择如何调适?自己做主的自由与不受控制的自由区分在何处?如何理解在实践中自由与平等、自由与民主的多重冲突?这些问题引发的思考,为研究者系统地走进政治哲学的学术深处奠定了基础。

立足于社会现实,用现实为思想提供养料,用思想为现实开辟道路,是本书意图秉承的研究方法。西方世界的繁荣、萧条、危机、复苏证实了形形色色的自由主义的发展和衰败;而活跃于社会主义市场经济和民主政治中的政治自由,灵动地将个人的社会角色与政府和市场有效结合,在汲取西方文明的基础上,为社会主义经济、政治、文化和社会的发展提供了强大动力。在这个过程中,作为社会人的公民主体将实现权利与义务、自由与责任的统一,其结果正如马克思主义的历史唯物论所说的:随着生产力和生产关系的辩证运动,人的自由而全面发展必然能实现。

二、研究的目的和意义

从东西方意识形态斗争的角度来看,维护马克思主义意识形态的领导权是本书研究的重要目的之一。在当代东西方意识形态斗争中,社会主义曾一度被妖魔化为专制主义、极权主义和恐怖主义的代名词,社会主义语境中的政治自由似乎被西方人宣告寿终正寝了。然而,笔者认为,随着西方间歇性经济危机的爆发,西方自由主义发展过程中的政治自由在实践中所产生的社会危机与人道灾难的现实,恰恰反证了自由主义理论本身的贫困,自由主义的政治自由在让人失望的极度不自由的环境中显示出其江河日下的脆弱性。但是,西方对于东方的"和平演变"并没有随着自由主义的退却而有所消弭,相反,西方极力掩饰其虚伪性,用层出不穷的新样式包装自由主义,用雄厚的经济实力和强大的科技实力倾销其自由主义价值观——这是西方抨击东方的主要手段。对此,国内理论界尽管大呼"事实胜于雄辩"——用中国特色社会主义的辉煌成果来反击西方资本主义世界的泡沫繁荣,但是,对政治自由理论发展梳理的起步较晚、相对不足,对在中国政治文明进程中政治自由理论发展的认识薄弱、谨小慎微,导致了和西方学者对话的过程相对苍白。因此,梳理自由、政治自由、自由主义的政治自由、马克思主义的政治自由既是本书研究的重要线索,也是击破西方自由泡沫、推进中国政治文明建设的现实之需。

从人民群众的实际需求来看,确保政治自由的理论发展与人民群众的实际需求接轨是本书研究的重要目的之三。与过去专注于温饱相比,今天的人们权利意识大大增强,权利诉求大大扩展,已经不再"知足常乐",有着日益多样、层次更高的需求和诉求,政治理论的发展如果不能与人民群众的需求接轨,就不能保证让群众满意的改革效果。因此,须客观研究、深化研究、扎实研究、全面研究,使社会主义政治自由显示出蓬勃的生命力与战斗力。

从当代中国政治发展的角度来看,推进当代中国政治文明建设是本书研究的重要目的之四。在研究政治自由的过程中,笔者反复强调:通过从意识、制度、行为三个层面推进政治自由,公民作为政治主体的权利必将得到有效的制度性扩张,公民直接参与管理国家的程度必将明显提高,公民的价值主体地位必将得到充分保障,社会主义民主政治高目标和实现程度低的矛盾必将得到缓解,社会主义政治文明必将百尺竿头,更进一步。

三、国内外研究的历史与现状评介

(一) 关于对"自由"的研究

目前,理论界对于自由的研究领域广泛,层次深浅不一。诸如政治自由、经济自由、文化自由、个性自由、哲学自由、公民自由、个体自由、马克思主义自由。这其中,主要侧重于哲学自由和马克思主义自由的研究。比较典型的有陈小鸿撰写的《论人的自由全面发展》(人民出版社,2004年出版)一书。这本书的特色在于对自由的论述比较丰富、深刻而全面,既有对西方的自由思想发展的系统梳理,又有对中国传统文化中自由因子的挖掘,还有对马克思主义自由观的深入阐述;既有对自由内在属性的具体描述,又有对自由外在表现的总结概括。笔者认为精彩之处在于:其一,探讨了以儒、道、佛为代表的中国传统文化中蕴含的自由精神,打破了人们长期以来认为人的自由思想是从西方传入中国、中国文化中没有自由精神的偏见,把儒、道、佛关于自由的理想境界和实现方式清晰地展现出来。其二,对马克思主义自由观与西方自由观以及中国传统自由观进行了"穿越式"比较,最终把自由理论落实到了马克思主义的人的自由而全面的发展之中。笔者认为陈小鸿的这种学术架构既有利于我们深刻认识不同时代的自由理论,又有利于我们进一步坚定主流意识形态。其三,在学术细节的把握上也有独到之处,诚如万斌在该书的序言中指出的:"对人的自由发展和全面发展作了详细的联系与区别,提出了'人的自由发展和全面发展是互为前提、互为条件、相互促进'的观点,人通过全面发展来表现出人的发展的紧迫性、一般性,通过自由发展来表现出人的发展的内在差异性;只有个人普遍得到全面发展,人类才能真正获得驾驭自然界和人类社会的自由,成为自由发展的人,同理,也只有充分具备自由发展的条件,才可能实现个人的全面发展。"①

与此类似,曾宇辉在《自由的意蕴及其当代价值》(天津师范大学,2007年博士论文)中也对自由思想进行了系统"穿越",具体表现为,揭示马克思主义与西方自由观的界分,追问人的自由全面发展理论的当代价值。

在翻阅资料的过程中,笔者发现,对于自由原初状态的解释除了做这种"穿越式"比较外,还有几个颇有特色的角度:

其一,借助马克思的类主体思想从自由的主体——人的"类属性"角度来阐述自由。对于这种类主体思想,笔者进行了有机吸收,在本书中体现为"社会—个体互构"的政治自由观和马克思主义政治自由观的"共同体—个体互构"范式。其二,在马克思的阶级斗争学说中融入自由思想。

从哲学层面论述的自由,则充分展现了哲学的思辨功能。如王金福在《哲学的自由》(《唯实》,2000年第Z1期)一文中指出:哲学是自由的精神,哲学的发展需要自由。哲学的自由首先表现为哲学家思维的自由。这就要求哲学家有坚实的知识基础、出众的理论思维能力、彻底的批判精神、无畏的理论勇气和强烈的使命感。哲学的自由还表现为社会给予哲学的自由,主要是社会对哲学的功能有恰当的期望,为其提供良好的学术氛围和正确的学术方针。哲学的自由是具体的、有条件的、相对的,不是抽象的、无条件的、绝对的。

通过对文献资料的分析,笔者认为,当前学术界需要关注两个问题:其一,学术界关于自由的研究基本集中在哲学领域,对马克思主义自由思想的研究也基本从哲学的维度去关注,对马克思主义政治哲学视角下的自由思想研究相对薄弱。其二,对待"自由"的研究,普遍谨小慎微,谨防和意识形态挂钩,唯恐被扣上"资产阶

---

① 陈小鸿.论人的自由全面发展[M].北京:人民出版社,2004:2.

级"自由化的帽子,规避政治风险成为学术研究的起点态度,削弱了政治自由的理论价值和战略价值。

(二) 关于对"政治自由"的研究

国内学者对政治自由的研究聚焦在两个方面:一方面,对政治自由作本体论层面的研究,包括政治自由的性质、条件、界限,东西方政治自由的比较研究,等等。汪锡奎的《略论政治自由》(《唯实》,1989年第5期)将政治自由理解为近代民主政治的重要基础,指出政治自由具有不可剥夺性,但它必须受到限制和制约,以法律的许可为界限,同时指出社会主义政治自由的性质、条件和意义等。汪老先生是政治学界的前辈,在1989年意识形态形势非常严峻的情况下,勇敢地站出来为政治自由正本清源,这种勇气令人钦佩。葛洪泽的《论政治自由》(《晋阳学刊》,2000年第6期)对社会主义与资本主义环境中的政治自由进行了比较:资本主义制度下的政治自由以生产资料私有制为基础,受财产多寡的制约;社会主义的政治自由以生产资料公有制占主体为基础,不受财产多寡的制约。袁文艺的《政治自由论纲》(《前沿》,2006年第5期)指出:政治自由是与法治相伴而生的观念与实践,是法治社会所展现出来的最基本的特征,是人的自由在政治生活中的真实体现。准确把握政治自由的科学含义,积极寻求政治自由的法治保障,将会促使公民的政治权利真正得到实现。马俊峰的《政治自由理念的近代转向及批判反思》(《江西社会科学》,2008年第11期)指出:古典政治哲学中的政治自由通过求善原则体现出来,城邦的公民只要服从善的原则,他们就是自由的。进入中世纪基督教时期,这种求善的原则被拯救概念所取代,人们通过获得上帝的恩典而获得自由。然而,随着文艺复兴的兴起,对古典政治哲学和基督教神学的批判反思,马基雅维里开启了现代政治哲学,以"无支配自由"的概念为共和主义和自由主义的政治自由奠定了基础。赵玲的《政治自由的本质、功能及实现》(《道德与文明》,2008年第1期)指出:政治自由是公民在法律许可的范围内,管理国家事务和社会事务的政治权利。政治自由具有一定的社会功能,使现实政治生活具有价值导向、价值认同、价值凝聚功能,它的最终目的指向人的解放。在社会主义初级阶段,政治自由的实现既是一个长期的过程,也是一个综合性工程。

另一方面,聚焦于西方近现代政治思想家的政治自由思想探析。如邓正来对哈耶克思想的解读,郁建兴对黑格尔伦理思想的解读,邓晓芒对康德自由思想的解读,姚大志对罗尔斯重叠共识观念的解读,等等,在此不一一列举。

(三) 关于对"自由主义政治自由"的研究

最近这些年,国内学术界对于自由主义的研究作了不少努力,包括:自由主义思想发展的历史、自由主义的基本范畴、自由主义的价值诉求、当代自由主义与保守主义、社群主义的争论等等,展示了自由主义的理论变迁及其在当代所面临的挑战。国内学者对自由主义的阐释全面而细腻,为我们全面深入研究政治自由提供了极为丰富的理论素材。目前,国内理论界对于自由主义的研究可概括为三种形态。

第一种形态是在对西方自由主义思想史进行系统梳理的过程中研讨和评介自由主义政治自由的思想特征、理论困境及其发展。研究西方政治思想史的老前辈徐大同主编的《当代西方政治思潮:20世纪70年代以来》(天津人民出版社,2001年出版)中有对20世纪70年代以来自由主义政治思潮的系统描述,而后徐老先生与其团队(王乐理、丛日云、高建、吴春华、马德普、朱一涛、刘小林、盛家林等)编纂的《西方政治思想史》五卷本(天津人民出版社,2005年出版)中的第四卷第一章,较为详细地研讨了17世纪以来的自由主义发展脉络与思想特征。这一章通过划人头的方式描述了自由主义的理论发展,既有思想家自身的成长历程,又有编者本人的评述,内容丰富、有血有肉,颇具理论说服力。这一系列书中对自由主义政治自由的理论发展和思想特征的概括,已成为此后众多学者的共识。

第二种形态是对自由主义历史流变中的政治自由思想进行阶段性和归纳性的研究。如李强在《自由主义》(中国社会科学出版社,1998年出版)一书中,系统辨析了自由主义的主要原则,如个人主义、自由、平等、民主、国家学说等等,系统反思了批判自由主义的主流观点,尤其是马克思主义从历史主义的角度对自由主义的本质所进行的全面深刻的批评。以顾肃的《自由主义基本理念》(中央编译出版社,2003年出版)为代表,再一次对西方自由主义的理论基础、历史沿革作了归纳性阐释。正如姚大志的评述:"这是对自由主义图景的一次全面、新鲜而富有同情的展示……能跟随作者沿着历史轨迹追踪自由主义思想的最新发展,而且在最好情况下,还能和当代学者、思想家一起参与对自由主义重要问题的争论……"[1]此外,石

---

[1] 顾肃.自由主义基本理念[M].北京:中央编译出版社,2003:封底.

元康的《当代西方自由主义理论》(上海三联书店,2000年出版)、启良的《西方自由主义传统:西方反自由至新自由主义学说追索》(广东人民出版社,2003年出版)都对我们系统了解伯林、德沃金、哈耶克、诺齐克、罗尔斯等当代著名自由主义思想家的政治自由思想具有重要的参考价值。

第三种形态是针对自由主义思想家的理论,或是自由主义的某些范畴进行局部性研究。具有代表性的有:胡传胜在《自由的幻像:伯林思想研究》(南京大学出版社,2001年出版)中对以赛亚·伯林思想的探讨(胡老师对伯林《自由论》的翻译正如其名"传神之至,引人入胜",可以说,伯林思想带给我的巨大震撼多半要感谢胡老师幽默、风趣、丰富、深刻的翻译);何怀宏在《契约伦理与社会正义:罗尔斯正义论中的历史与理性》(中国人民大学出版社,1993年出版)和《公平的正义:解读罗尔斯的〈正义论〉》(山东人民出版社,2002年出版)两书中对约翰·罗尔斯思想的研究;邓正来在《自由与秩序:哈耶克社会理论的研究》(江西教育出版社,1998年出版)一书中对冯·哈耶克思想的评析;等等。

通过对国内学者研究自由主义政治自由的近况分析,笔者发现,尽管国内学者有关自由主义的研究题材广泛,内容丰富、深刻,逻辑性与系统性很强,但从整体上看缺少争鸣,很难掀起诸如西方学者伯林的两种自由概念以及罗尔斯的正义论带来的学术震撼以及学者们的热烈交锋那样的学术盛况。

当前,对自由主义政治自由观[①]的研究有四个新的学术增长点:其一,结合东西方意识形态斗争,对自由主义的政治自由的分析和批判(比如对普世价值的分析与批判)成为学者们关注的焦点,从而进一步推进了对马克思主义政治自由理论的研究。其二,关注自由主义与其他思潮的关系,包括民族主义、女权主义、保守主义、社群主义、生态主义、马克思主义等等。通过剖析不同思想派别之间的复杂关系,加深对自由主义的理解和认识。在这些研究中,学者们颇为关注自由主义与社群主义之间的关系。俞可平的《社群主义》一书(中国社会科学出版社,1998年出版)成为系统梳理自由主义与社群主义关系的开山之作。俞可平是笔者非常敬仰的一名学者,他提出的一系列理论(公民社会、善治、民主是个好东西、权利政治与公益政治等等)及其蕴含的政治立场(总是为社会底层呼吁,为政治体制改革呼吁)

---

① 自由主义政治自由观涉及国家观念、社会正义、公民权利、自由与平等、自由与民主、宪政、政治参与、政党等内容。

以及在网上公开的政治观点,让笔者看到了一名学者具备的丰盈的社会责任感、强大的理论勇气与政治智慧,既给了笔者很多启迪,也赋予了笔者很多勇气。其三,分析新自由主义与金融危机、风险社会的关联,致力于用现实社会的弊病解读新自由主义的理论危机,用马克思主义的立场、观点与方法捍卫政治自由。其四,结合十八大的精神要义,构建新政治观,以自由主义政治自由为对话平台,推进马克思主义政治自由理论的研究。

(四) 关于对"马克思主义政治自由"的研究

在加速马克思主义中国化、时代化、大众化的今天,国内有一批学者致力于挖掘马克思主义理论体系中蕴含的丰富的政治自由思想,并以此来强化主流意识形态建设。如马云志在《马克思的政治自由观》(《甘肃社会科学》,2002年第5期)中指出:马克思的政治自由观的哲学依据是对主体与客体、自由与必然的辩证认识。因此,马克思的政治自由观既不能归结为消极自由,也不能归结为积极自由,它为我们提供了一种认识自由的全新模式。对于这种自由的认识,应同马克思对民主、平等、法治的认识相联系,只有这样,才能对马克思的政治自由观有一个全面的了解。曾宇辉在《马克思的政治自由思想及时代价值》(《中共中央党校学报》,2006年第3期)中指出:马克思的政治自由思想是以历史唯物主义为基础,站在全人类的高度,审视自由的异化、人的自由以及人的解放:任何政治自由都具有阶级性、社会性,是具体的、历史的;政治自由是变革不自由社会的现实运动。政治自由必将促使社会结构由人治的权威结构向法治的法理结构转变。王岩在《马克思主义理论视阈中的政治自由及其实现》(《马克思主义研究》,2008年第1期)指出:政治自由体现了人的社会性本质,指向人的真正解放。党的十七大报告提出的"深化政治体制改革"的伟大战略,为进一步拓展公民政治自由实现空间奠定了政治基础,进而为公民政治自由的充分实现提供坚实的政治保证、具体的实现路径与必要的公共支持。学者们对马克思主义政治自由思想的梳理、归纳、深化为我们系统研究"马克思主义政治自由观"提供了不少鲜活的思想养料。

经过长期努力,中国特色社会主义进入了新时代,这是我国发展新的历史方位。这个新时代,是中国特色社会主义新时代,是我国社会所取得的历史性成就和发生的历史性变革的必然结果,是我国社会主要矛盾运动的必然结果,也是党带领人民开创光明未来的必然要求。

党的十八大以来,改革开放和社会主义现代化建设取得历史性成就,我国发展站到了新的历史起点上,中国特色社会主义进入新的发展阶段。尤其是党的十九大到二十大是"两个一百年"奋斗目标的历史交汇期,我们既要全面建成小康社会,实现第一个百年奋斗目标你,又要乘势而上开启全面建设社会主义现代化国家新征程,向第二个百年奋斗目标进军。

这个新时代,是承前启后、继往开来、在新的历史条件下继续夺取中国特色社会主义伟大胜利的时代。在新时代,我们党治国理政第一位的任务,就是紧紧围绕坚持和发展中国特色社会主义这个主题,适应中国特色社会主义发展的新要求,接力探索,接续奋斗,让社会主义扎起中国展现出更加强大的生命力。

牢牢把握意识形态工作领导权。意识形态关于旗帜、关乎道路、关乎国家政治安全,决定文化前进方向和道路。当今社会,无人不网、无处不网、无时不网,网络对于人们的生活和工作产生了重大影响。对于一个执政党来讲,过不了互联网这一关,就过不了长期执政的关。

通过对研究领域、研究态势以及研究现状的整理、归纳和分析,我们认为,政治自由研究的文献数量充足,说明随着市场经济的发展、改革开放的深入,对政治自由的研究得到了理论界越来越多的关注。然而,我们要清醒地认识到:有关自由理论的研究状况呈现出两极分化的样态,国内研究相对滞后,国外的研究成果丰富;政治自由的理论研究呈介绍性的特点,创新性研究成果不多;政治自由的理论研究更多地停留在应然性层面,实践性的研究相对落后。因此,我们一方面要看到成绩,一方面要看到不足,主动认真地契合十九大精神,百尺竿头,更进一步深化对马克思主义政治自由理论的研究。

四、研究思路、方法与创新点

(一)研究思路与方法

从研究的思路和方法来看,笔者从现实问题出发,沿着分析问题—解决问题这样的路线进行系统研究。在研究的过程中,研读经典、用质疑的心态与方法对学术界现有的成果进行了批判性吸收。积极、谨慎、开拓、创新,既坚守原则,又不故步自封,力求使研究呈现出一种欣欣向荣的活力。具体的思路如下:

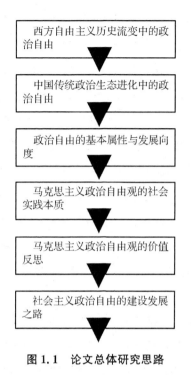

图 1.1 论文总体研究思路

本书的第一章为绪论,论述研究的背景和缘起,研究的目的与意义,国内外研究的历史与现状评介,研究的思路、方法与创新点,等等。在国内外研究的现状总结中,笔者完成了对自由、政治自由、自由主义政治自由、马克思主义政治自由四个方面的研究现状述评,从而开门见山地把自由、政治自由、自由主义政治自由、马克思主义政治自由放在同一个对话平台中。

本书的第二章抛砖引玉,论述自由及其存在样态,完成了自由、政治自由、自由主义政治自由、马克思主义政治自由这四个概念的学理梳理与一般界定。对于自由,从哲学、政治学、经济学和自然法思维视角去解析;对于政治自由,从两对基本范畴——古代自由与现代自由、消极自由与积极自由——开始解析;对于自由主义政治自由和马克思主义政治自由,主要从理论基石和现实诉求这两个方面对两者进行了明确的比较分析。

本书的第三章系统梳理西方自由主义历史流变中的政治自由。自由主义既是长期主导西方社会发展的理论,也是资本主义社会的主流意识形态,探寻自由主义的发展可以让我们更好地理解当代西方的政治体制、政治观念、政治文化、政治模式。在本章中,笔者系统阐述了古典自由主义转向现代自由主义,现代自由主义转向新自由主义过程中,思想家们关注的理论焦点以及西方世界在不同理论指导下的现实状况。通过对自由主义的学理探源,我们会发现,自由主义视角下的政治自由在西方社会的发展存在着不可逆转的理论困境和现实危机。

本书的第四章系统梳理中国传统政治生态进化中的政治自由。在历史上,中西方政治哲学的发展呈现出不同的特点:西方近代人文主义精神孕育了平等、自由、民主、法治、宪政等价值理念和文化传统,并促成了自由主义的诞生和发展;中国传统政治哲学也具有人文主义精神,但不具有反君主专制的特征,因而没有个体的规范,只有公共的概念。通过中国传统政治生态分析传统政治自由的主要特点。直至近代,救亡图存运动为政治自由的再现提供了历史的际遇——严复、谭嗣同、梁启超、胡适、蔡元培等自由主义的先驱先知在救国运动中呐喊自由,但最终沉寂,马克思主义走到了历史的前台。

本书的第五章系统论述政治自由的基本属性与发展向度。在这一章中,笔者推出了本书理论研究的一个重要创新点——政治自由的"社会—个体互构"性,并对此进行论证。"社会—个体互构"是笔者在研究政治自由的过程中新推出的一个方法论层面上的新概念。"社会—个体互构"既说明争取政治自由是一个动态的过程,需要社会与个体的互动、互助、互建,同时也说明政治自由不仅在个体层面,也在社会层面具有积极意义,因此在研究过程中不能各执一端,要关注两者的有机结合。有关这个概念的两篇文章《论"社会—个体互构"的政治自由观》《论"社会—个体互构"的政治和谐观——基于扬弃伯林"两种自由概念"的视角》已经分别为《人文杂志》2013年第5期和《湖南大学学报(社会科学版)》2013年第1期收录。《论"社会—个体互构"的政治和谐观——基于扬弃伯林"两种自由概念"的视角》一文获得2012年江苏省哲学社会科学大会政治法律专场一等奖,"社会—个体互构"的概念得到了部分江苏学术界前辈的初步认同,他们认为这个概念与十八大有关推动社会主义民主政治建设的思想不谋而合。在这一章中,笔者层层深入、步步为营,借助经济基础、权利、人性、道德、法治等范畴展现出政治自由的精彩内核。

本书的第六章将视角切换到马克思主义政治自由观,这是本书理论的核心支撑。在这一章中,与前面的"社会—个体互构"相对应,笔者在马克思主义视域下推出了"共同体—个体互构"概念,同时对马克思主义政治自由观作了系统解构。《论马克思主义政治自由观的"共同体—个体"互构范式》一文获得了2013年江苏省哲学社会科学大会马克思主义专场一等奖,这充分说明了当下理论界对于社会与个体互动、互建、互构的呼吁。第六章和第五章逻辑基本一致,从人性观—马克思主义人性观出发,分析了马克思政治自由观的基本属性、建构路径与现实意义。

本书的第七章系统分析马克思主义政治自由观的价值。当前,对马克思主义政治自由观的价值反思的相对成熟的成果不是很多,笔者在吸收以往成果的基础上,推出了马克思主义政治自由观的经济、政治、文化、意识形态价值。笔者认为:在经济领域,马克思主义政治自由观能够充分弘扬公民个体主体性,从而调动公民参与经济活动的积极性、主动性和创造性,同时,通过规范的政治制度保障经济生活的公平、公正与合理,从而使生产关系与生产力相适应,推动生产力的发展;在政治领域,马克思主义政治自由观通过立法确保公民参政议政的权利和自由,维护安定团结的政治局面,促进政治认同、政治和谐,巩固国家政权;在文化领域,马克思主义政治自由观创造"百花齐放、百家争鸣"的既严肃又活泼的文化氛围,从而促进民主思想、民主理论和民主意识的发展;在意识形态领域,马克思主义政治自由观作为社会主义意识形态的重要组成部分,是我们应对西方资产阶级自由化思潮,提升社会主义意识形态的凝聚力、竞争力、领导力的重要一环。在这一章中,比较有特色的是:笔者旗帜鲜明地指出马克思主义政治自由观是马克思主义意识形态的重要组成部分,随后结合十九大精神要义,指出推进马克思主义政治自由观的中国化、时代化、大众化的战略意义。

本书的第八章系统分析社会主义政治自由的建设发展之路。这一章的论述回归实践,这表明了研究者秉承的积极、严谨、务实的学术态度:既关心信仰,也关心分析;既提出理想目标,也提出制度设计。在这一章中,研究者从政治文明的三维视角——政治意识文明、政治制度文明、政治行为文明——分析了社会主义政治自由的建构路径,为推进当前政治文明建设作了大胆的构想与设计。在这一章中,比较有特色的是:笔者吸收了博弈论的思想,提出了要主动设计完善权力分配的"囚徒困境"与制约体制,这与前面提出的"社会—个体互构"以及"共同体—个体互构"呈现出理论上的一致性。

(二) 创新点

一是方法上的创新。运用文献法以及实证研究相结合等方法,注重在社会主义意识形态的框架内用马克思主义政治自由观的理论对西方政治自由理论进行了回应和反击,以维护马克思主义意识形态在社会主义核心价值体系中的引领作用。本书充分体现了政治哲学研究的时代性。

二是内容上的创新。本书紧贴时代要求,紧紧围绕"政治自由"这一核心概念,系统构建了自由、政治自由、自由主义政治自由、马克思主义政治自由的对话平台,为系统研究马克思主义政治哲学、推进社会主义形态建设提供了强有力的学术支撑。

三是观点上的创新。

① 本书建构了两个相对应的概念:政治自由的"社会—个体互构"范式与马克思主义政治自由观的"共同体—个体互构"范式,并对此进行系统论证。

② 本书从经济、政治、文化、意识形态的四维视角反思了马克思主义政治自由观的时代价值,同时契合十九大精神要义以及东西方意识形态斗争的需要,强调马克思主义政治自由观的意识形态价值,突破了从经济、政治、文化三维视角审视马克思主义政治自由观的理论建构传统。

③ 本书不仅系统吸收了政治学、政治哲学的相关概念,而且还有机吸收了管理学中的博弈思想。事实上,"社会—个体互构"与"共同体—个体互构"都从某些方面体现出了博弈的理念,从而充分体现出政治哲学的社会功能。

第二章

自由及其存在样态

黑格尔说:"世界历史无非就是'自由'意识的进展。"①纵观人类历史的演进,无疑是一曲追寻自由之梦的歌,时而气势磅礴、荡气回肠,时而清丽婉约、落寞沉寂。古希腊智者对自由的探求奠定了西方人的自由传统,并由此凝结成一股永不衰竭的自由精神。这种自由精神成为马克思主义的思想之源,激励着一代又一代马克思主义者不断地探索、创新,使人类朝着理想境界不断前进、发展。

第一节 自由

透过不同的视角,自由向我们展示了其精彩纷呈的存在样态与学理内涵。

一、自由的哲学之维

从哲学角度看,人们将自由视为理性、思想、认识、意志等方面的自由,唯物主义、唯心主义以及它们内部的不同派别之间也存在不同的观点,具有代表性的是古希腊的自由观、英国经验派的自由观、欧洲大陆唯理派的自由观、德国古典哲学的自由观。

古希腊的自由观首先表现在对人与规律、人与必然的关系的认识上。早期古希腊人对具有必然性的自然规律敬畏不已。在希腊文明的第一个产儿——《荷马史诗》中,"必然"表现为一种不以人的意志为转移的"命运"与"定数",这些冥冥的存在连天神宙斯也要服从。这种自由观表明:人的选择权与决定权不在自己,而在于外在的必然性。随着社会的发展,人的主体意识开始增长,在思想界,诡辩学派

---

① 黑格尔.历史哲学[M].王造时,译.上海:上海书店出版社,2001:1.

（智者派）、怀疑派、犬儒主义学派各种观点层出不穷。智者普罗泰戈拉宣称："人是万物的尺度，是存在的事物存在的尺度，也是不存在的事物不存在的尺度。"①这充分肯定了人的主动性和能动性，人要摆脱奴役，把选择权和决定权留给人自己。而在希腊文明日渐衰微，社会走向无序的年代，斯多葛学派则从伦理学说上发展了自由的理论。斯多葛派创始人芝诺认为，友爱可以为城邦带来自由与和谐，促进城邦的安宁。这种友爱包括个人之间的亲密联系，但是更重要的是个体对道德完善的热情，同时，友爱不仅融入公民个体的道德教育，而且要深入社会整体中和谐关系的培养过程②。斯多葛学派晚期的代表人物爱比克泰德强调意志自由，这体现在其对暴君的极尽嘲讽的批评中，例如：暴君喜爱充当万民的主人，爱比克泰德反问："宙斯赐我以自由，你以为宙斯愿意他的儿子受人奴役吗？你只能是我的躯壳的主人，若想取走请自便。"③爱比克泰德又说："我是必然要死的。但难道我就必须呻吟而死吗？我必然是被囚禁的。但难道我就必须哀怨吗？我是必然要遭流放的。但是难道因此就有任何人能阻止我，使我不能欢笑、勇敢而又镇定了么？"④"把秘诀告诉我吧。"我拒绝告诉，因为这是我权利以内的事。"那么我就把你锁起来。""你，你说什么？锁起我来？你可以把我的腿锁起来——不错；可我的意志——那是你锁不了的，连宙斯都征服不了他。""我就把你监禁起来。""那你只不过是指我的躯体罢了。""我要砍你的头。""怎么？我什么时候向你说过，我是世界上唯一不能被砍头的人吗？"⑤

　　英国经验派的发展有两条路线：一是唯物主义路线，以培根、霍布斯、洛克为代表；二是唯心主义路线，以贝克莱、休谟为代表。经验主义认为我们的全部知识（逻辑和数学或许除外）都是由经验来的⑥。唯物主义从主观与客观的关系出发思考自由，认为自由不可能脱离客观必然性，自由只能是对必然性的把握。霍布斯指出："对运动不存在外界障碍，是谓自由。"⑦按照这个意义讲，自由与必然是一致

---

① 罗素.西方哲学史：上卷[M].何兆武，李约瑟，译.北京：商务印书馆，2002：111.
② 转引自 Rowe C, Schofield M. The Cambridge history of Greek and Roman political thought[M]. Cambridge: Cambridge University Press, 2000: 444-446.
③ 王乐理.西方政治思想史：第一卷：古希腊、罗马[M].天津：天津人民出版社，2005：452.
④ 罗素.西方哲学史：上卷[M].何兆武，李约瑟，译.北京：商务印书馆，2002：333.
⑤ 罗素.西方哲学史：上卷[M].何兆武，李约瑟，译.北京：商务印书馆，2002：333.
⑥ 罗素.西方哲学史：下卷[M].马元德，译.北京：商务印书馆，2004：139.
⑦ 霍布斯.利维坦[M].黎思复，黎廷弼，译.北京：商务印书馆，1985：111.

的。例如当水的运动没有障碍时,也就是水在自由时,必然流下山岗,如此,流水非但有自由,而且有必然性存在于其中。洛克把自由理解为人类主体的一种能力,这种能力同主体的理性活动和能动选择联系在一起。洛克指出:"人既然是一种含灵之物,所以他便受了自己组织的支配,不得不受自己的思想和判断决定,来追求最好的事物。否则,他一定会受别人支配,那就不是自由了。"①唯心主义或者将自由视为完全摆脱客观必然性的主观随意性。贝克莱在《海拉斯与斐洛诺斯的对话三篇》中通过驳斥海拉斯的意见——"存在是一回事,被感知另是一回事"阐述其基本观点——"可感物的实在性就是被感知"②,他把人的感知外物的能动性抽象扩张为全部存在的基础③。

欧洲大陆的唯理派与英国经验派相对立。笛卡尔用心物二分的办法解决了那个时代灵魂与肉体、理性与感性、自由与必然的巨大对立。在笛卡尔的思想体系中,精神比物质确实,物质消极而被动,精神积极而主动,精神是自由意志驰骋的领域:"我体现出这个自由意志或意志是非常大、非常广的,什么界限都限制不住它。""我心里的其他一切东西里,没有一个能比它更大、更完美的了。"④斯宾诺莎则指出:"自由是对必然的认识。"⑤这就是说,世界是一个因果链,一个环节和另一环节的联系存在必然性。世界以自身为原因,不受任何外在东西的决定,因而自由,也因而必然。

由是观之,无论是经验派还是唯理派,在对自由问题的认识上有两种趋向:一是决定论,二是目的论与唯意志论。决定论涵盖了唯物主义的机械决定论、主观唯心主义的宗教宿命论以及客观唯心主义的理念决定论。各派思想家沿着主观与客观、主体与客体二分的思维方式对自由作出自己的解答:霍布斯认为自由是摆脱外在的束缚;斯宾诺莎认为自由是对必然的认识;休谟认为自由就是随心所欲;笛卡尔认为自由是独立于物质世界的精神世界。所有这些观点都具有一定的合理性,但是它们各自仅仅抓住自由问题的一个方面,呈现出一定的片面性。可见,由于思想家的触角还没有触摸到社会实践的领域,无法为解决日益尖锐的社会矛盾提供

---

① 洛克.人类理解论:上卷[M].关文运,译.北京:商务印书馆,1983:234.
② 罗素.西方哲学史:下卷[M].马元德,译.北京:商务印书馆,2004:184.
③ 陈刚.马克思的自由观[M].郑州:河南人民出版社,1996:18.
④ 笛卡尔.第一哲学沉思集:反驳和答辩[M].庞景仁,译.北京:商务印书馆,1986:59.
⑤ 罗素.西方哲学史:下卷[M].马元德,译.北京:商务印书馆,2004:103.

先导性的理论谱系。

德国古典哲学处于社会矛盾重重和酝酿重大转折的时代:生产力与科学技术飞速发展,资产阶级在经济领域独领风骚,封建势力在政治领域负隅顽抗,无产阶级队伍逐步壮大。从哲学高度看,这个时代是自由与必然、主体与客体尖锐对立的时代,因而迫切需要在理论领域解决人能否在自然和社会领域摆脱束缚、取得自由的重大实践问题。康德是德国古典哲学的首席代表。康德认为只有在道德实践领域,人作为道德主体,按照自己为自己确立的道德律令,按照自己的希望、理想和规范,按照"应该这样做"去行动,这才是真正的自由①。

康德哲学的重要发展是黑格尔,黑格尔以"绝对理念"为世界的本原,建立起包罗万象的哲学体系。黑格尔认为,真正的自由是同必然相联系的,排斥必然的自由是假自由,"是真自由的反面,是不自觉的被束缚的主观空想","而较高的观点是:精神在它的必然性里是自由的,也只有在必然性里才可以寻得它的自由,一如它的必然性只是建筑在它的自由上面"②。黑格尔指出:主客体通过矛盾与辩证否定获得和谐统一,乃自由学说的精要。这是他高于前人之处。但是,由于受唯心主义立场限制,黑格尔所说的主客体统一与自由仅仅局限在精神领域,自由是经形而上学改装了的脱离自然与人的精神,个人说到底只是实现精神的工具而已,其学说中的人文主义因素最终让位于抽象的理念决定论。

如果说,哲学领域的自由为我们从本质上认识自由问题的起源及发展提供了理论参考,那么在此过程中,不同的方家和流派一再从不同的角度向我们展示了一个人性的基本欲求:个体向往自由——也就是说,他们想为所欲为,不受他人的羁绊,不愿意受别人强制去做自己不愿意做的事情——这种自由是人们随时准备去捍卫的一个主要目的和价值,这一目的的实现,是过上大多数人想过上的那种生活不可或缺的③。但同时,井然有序的生活方式是很必要的。人总是在社会中生活,无论出于什么原因和理由,正因为人是在社会中生活,个体就无法随心所欲地行事,因为这样做会妨碍他人,并且使他们的目的遭受严重挫折。因此,做出某种社会安排是必然之举。由此,强制成为一种必要。于是,问题便出现了:怎样在强制

---

① 陈刚.马克思的自由观[M].郑州:河南人民出版社,1996:18.
② 黑格尔.哲学史讲演录:第1卷[M].贺麟,王太庆,译.北京:商务印书馆,1997:31.
③ 伯林.自由及其背叛[M].赵国新,译.南京:译林出版社,2005:29.

和自由之间做出合理安排?如果强制本身就是为了保障自由,那么服从强制是不是自由呢?如果我顺从了强制,我虽然不自由,但我很安全,比起我虽然可以随心所欲,但我随时缺乏安全感要好多了——这就是爱比克泰德说的他作为一个奴隶可能比主子更自由[①],这时候,我还讨厌强制吗?怎样在人与政治社会之间找到一个彼此舒适的状态呢?

二、自由的政治学之维

从政治学角度看,自由是一种具有"社会—个体"关系意义的社会行为,是个体主体性与社会规范性、权利与权力的互动博弈。政治社会中的自由就是要在强制和自由之间做出合理安排,在人与政治社会之间找到一个彼此舒适的状态。

纵观历史的演进,人与政治社会的关系不外有以下几种:其一,依附关系。人依附于政治社会,或某些政治集团,等级政治和恩宠政治中存在着大量的人身依附关系。在这种政治格局中,人被强权奴役着,自由是强权者的自由。例如希腊古代盛行奴隶制,通过战争或债务把一些人变成奴隶,任意奴役、压迫、剥削司空见惯。古希腊、罗马的发展与繁荣即以这种奴隶制为基础。奴隶主一方面奴役别人、剥削别人,另一方面自己过着优哉游哉的生活,喝酒聊天,竞技跳舞,以游手好闲、不劳而获为荣,同时也把持着管理城邦和分享战利品的公民权利。这就是他们的自由意识。

其二,从属关系。作为个体的人是独立的人,但出于自我保全的需要,个体从属于政治社会,以期待政治团体的保护。这种从属思想集中体现在以霍布斯为代表的"国家主权说"中。霍布斯是那种"太勇敢而不能置之不理,太刻薄而不能加以信奉的思想家"[②],他把唯物主义与不折不挠的国家万能论结合起来,构造国民的整体——"利维坦"。霍布斯与大多数专制统治的拥护者不同,他认为一切人生来平等。在任何政治也还不存在的自然状态下,人人欲保持个人的自由,但是又欲得到支配旁人的权力。这两种欲望都受自我保全冲动主使。由于它们的冲突,发生了一切人对一切人的战争,把人生弄得"险恶、残酷而短暂"。在自然状态下,没有

[①] 伯林.自由论:《自由四论》扩充版[M].胡传胜,译.南京:译林出版社,2003:35.
[②] 转引自 Johnson P J. Hobbes's Anglican doctrine of salvation[M]//Ross R, Schneider H W, Waldman T. Thomas Hobbes in his time. Minneapolis: University of Minnesota Press,1974:102.

财产,没有争议或不义,有的只是战争,而"武力和欺诈在战争中是两大基本美德"。因此,人类结合成若干服从一个中央权力的社会从而免除这些恶弊①。如此便产生了人对于政治社会的依赖关系和从属关系。

其三,法定关系。这种关系最为典型的表现为用法律来协调人与人以及政治社会之间的关系。洛克指出:没有法律就没有自由。个人享有的自由就是在法律允许的范围内,在法律"未加规定的事情上能按照我自己的意志去做的自由"②。孟德斯鸠指出:"政治自由不是愿意做什么就做什么,在一个国家里,也就是说,在一个有法律的社会里,自由仅仅是:一个人能够做他应该做的事情,而不是被迫去做他不应该做的事情。""自由是做法律允可的一切事情的权利:如果一个公民能够做法律所禁止的事情,他就不再有自由了,因为其他人也会有这个权利。"③

三、自由的经济学之维

从经济学角度看,自由强调个人拥有从事市场经济活动的权利,从而最大限度地使其利益最大化。亚当·斯密的经济人学说对此作了最早的和比较完整的阐述。他认为:人生来就有自私的一面,他要满足自身的各种欲望,而利己心及一生总不满足总想改善自身境况的愿望,就成为他最初从事经济活动的目标和动力。亚当·斯密在《国富论》中将之概括为"看不见的手"的原理,即在市场经济条件下,每个人都力图应用他的资本,来使其生产的产品能得到最大的价值。一般来说,他并不企图增进公共福利,也不知道他所增进的公共福利是什么,他所追求的仅仅是他个人的利益。在这样做时,有一只看不见的手引导他去促进一种目标,而这种目标决不是他所追求的东西,他在追求自己利益的同时,也促进了社会利益,其效果要比他真正想要促进社会利益所得到的效果还要大④。现代经济自由主义者进而指出,经济当事人有能力就他们面临的各种经济问题的利弊得失做出精确的计算,从而解决效用最大化问题。这个理论最终发展成效用最大化问题⑤。

---

① 罗素.西方哲学史:下卷[M].马元德,译.北京:商务印书馆,2004:71-72.
② 洛克.政府论(下篇):论政府的真正起源、范围和目的[M].叶启芳,瞿菊农,译.北京:商务印书馆,1981:16.
③ 孟德斯鸠.论法的精神:上册[M].张雁深,译.北京:商务印书馆,1961:154.
④ 晏智杰.西方市场经济理论史[M].北京:商务印书馆,1999:111.
⑤ 晏智杰.西方市场经济理论史[M].北京:商务印书馆,1999:111.

四、自由的自然法之维

西方的自然法思想始于古希腊时期。就其源流发展脉络而言,古希腊自然观划分为三个阶段:神秘主义自然法、实体主义自然法和理性主义自然法。

神秘主义自然法思想源于古希腊神话。在古希腊的神话中,希腊人创造了个性鲜明、等级分明的神谱,诸神按照自己的能力统治和庇佑着人类。这是人类思想史的前奏,反映蛮荒时代的人们面对着丰富斑斓、神秘莫测的大自然,显示出敬畏、惶惑和诧异之情。伴随着这种"存在性震撼",神秘主义自然法开始转向实体主义自然法。米利都学派的第一位代表人物泰勒斯指出:"水是最好的。"根据亚里士多德的记载,泰勒斯以为水是原质,其他一切都是由水造成的;泰勒斯又提出大地是浮在水上的①。米利都学派的第二位代表人物阿纳克西曼德认为:万物都出于一种简单的元质,但是那不是泰勒斯所提出的水,或者是我们所知道的任何其他的实质。它是无限的、永恒的而且无尽的。"万物所由之而生的东西,万物消灭之后复归于它,这是命运规定了的,因为万物按照时间的秩序,为它们彼此间的不正义而互相补偿。"②米利都学派的第三位代表人物阿那克西米尼指出:基质是气,灵魂是气;火是稀薄化了的气;当凝聚的时候,气就先变为水,当再凝聚的时候就变为土,最后就变为石头③。在毕达哥拉斯那里,"万物都是数"④,他认为"万物皆数",宇宙间一切事物之间都存在着一种"数"的和谐关系。"数"是世界的终极构成实体。柏拉图继承了毕达哥拉斯的"数"本原思想,他指出,"上帝是一位几何学家"⑤,并认为任何一种自然科学理论都必须建立在数学和几何学的"座架"之上才能够揭示出自然界背后所隐匿的自然规律和宇宙间万物永恒不变的结构⑥。赫拉克利特认为火是根本的实质;万物都像火焰一样,是由别种东西的死亡而诞生的。"一切死的就是不死的,一切不死的是有死的;后者死而前者生,前者死则后者生";"一切产生

---

① 罗素.西方哲学史:上卷[M].何兆武,李约瑟,译.北京:商务印书馆,2002:51.
② 罗素.西方哲学史:上卷[M].何兆武,李约瑟,译.北京:商务印书馆,2002:52.
③ 罗素.西方哲学史:上卷[M].何兆武,李约瑟,译.北京:商务印书馆,2002:54.
④ 罗素.西方哲学史:上卷[M].何兆武,李约瑟,译.北京:商务印书馆,2002:62.
⑤ 罗素.西方哲学史:上卷[M].何兆武,李约瑟,译.北京:商务印书馆,2002:64.
⑥ 罗素.西方哲学史:上卷[M].何兆武,李约瑟,译.北京:商务印书馆,2002:69.

于一,而一产生一切";"一就是神"。①

在实体主义自然法的视域中,自由就是必然性,是规律。自然主义思想家把自然法从自然拉回了人间并赋予其规定,此时的自然法被称为"逻格斯"(logos)。逻格斯是支配一切的主宰,人类应遵从它;逻格斯更是有生命、有理性的,甚至就是理性本身。"在一切变化和矛盾中唯一常任或保持不变的,是位于一切运动、变化和对立背后的规律,是一切事物中的理性,即逻格斯。"② 既然逻格斯是人与自然的主宰,法律"也就是服从那唯一者的意志"③,人类的法律不过是"永恒的理智"所散发出来的真理。自然法让人看到了"万物皆流"背后的确定性,找到了隐匿在偶然性现象之中的必然性,消除了人们的畏惧,进而使人有了家园般的归属感:

> 那天夜里我看见了"永恒",
> 像一个纯洁无端的大光环,
> 它是那样地光辉又寂静;
> 在它的下面"时间"就分为时辰和岁月,
> 并被一些天体追赶着,
> 像是庞大的幽灵在移动;全世界和世上的一切,
> 就都在其中被抛掉。④

更为深远的是,自然法为懵懵懂懂、欲说还休的古代世界输入了自由、秩序、正当性、正义等人类永恒的主题。

随着希腊城邦的土崩瓦解,世界性帝国的巍然矗立,古希腊自然法观念实现了由自然哲学向人文哲学的转向,理性主义自然法应运而生。所谓理性主义自然法,即认为人生来就是自然不可分割的一部分,在社会的实践中秉承自然的法则,使理性和自然保持协调一致。最具代表性的是希腊晚期的斯多葛学派。斯多葛学派将"自然"视为其思想的核心,他们认为一切事物都是那个叫作"自然"的单一体系的各个部分,个体的生命当与"自然"相和谐的时候,就是好的。就一种意义来说,每一个生命都与"自然"和谐,因为它的存在正是自然律所造成的;但是就另一种意义

---

① 罗素.西方哲学史:上卷[M].何兆武,李约瑟,译.北京:商务印书馆,2002:69.
② 罗素.西方哲学史:上卷[M].何兆武,李约瑟,译.北京:商务印书馆,2002:22.
③ 罗素.西方哲学史:上卷[M].何兆武,李约瑟,译.北京:商务印书馆,2002:23.
④ 罗素.西方哲学史:上卷[M].何兆武,李约瑟,译.北京:商务印书馆,2002:75-76.

来说,则唯有当个体意志的方向是朝着属于整个"自然"的目的之内的那些目的时,人的生命才是与"自然"相调和的①。可见,斯多葛学派认为"自然"不仅仅是普遍规律的体现,也是一种和谐的道德秩序,人的理性是自然的一部分,因而遵循理性也就是顺应自然。古罗马时期的思想家继承了斯多葛学派的自然法学说并论证了自然法的内涵。作为代表之一的西塞罗给自然法下了一个经典的定义:"事实上存在着一种符合自然的、适用于一切人的、永恒不变的、真正的法——正确的理性。这个法通过自然的命令鼓励人们履行他们的责任,又通过自己的禁令制止人们为非作歹。它的命令与禁令总是对善良的人们有影响,对恶人并不奏效。用人为法来削弱它,在道义上永远是不正当的;限制它发挥作用,也是不允许的;使它全部失效,更是完全不可能的。元老也好,人民也好,都不能解除我们服从这一律法的责任。"急剧变动的外部世界格局使理性主义自然法顺应变化,引导社会走向人人平等、自由与和谐。

尽管古代自然法包含着对人的精神与理性、自由与平等的尊重与承认,但是这种尊重和承认的基础或根据来自外部自然或神灵的理性权威,从而个人自由与权利是从外部,并且是偶然性地得到承认和理解的,人对自由本质并没有形成独立的自我意识。

近代自然法哲学的最大特色就是从个体自身出发,论证个人自由与权利的必然性和现实性理性根基,建构政治社会及其法律和道德实践的价值准则。近代自然法思想家霍布斯、洛克、卢梭和康德等,根据人自身存在的自然、道德及理性三种根本的存在本性来解释个人的自由与权利,建构国家及其法律实践原则的政治社会理论。洛克、卢梭等启蒙思想家纷纷高举"自然法"和"自然权利"的旗帜,参与推翻封建统治的伟大斗争。洛克在《政府论》中指出,人类原始生活在"自然状态"中,人生来就享受着自然给予的一切,人们的自然权利是平等的,不存在从属关系和受制关系。自然法指导着人们平等和独立地生活着,由于人们都是平等和独立的,因此任何人都不能侵犯他人的财产、生命和自由②。卢梭则从人性本善出发,把自然状态描绘成一派清新纯朴的景象,每个人都孤独地自由地生活着,人人生而平等,不存在服从与被服从、奴役与被奴役的关系。他曾说"我愿意自由地生活,自由地

---

① 罗素.西方哲学史:上卷[M].何兆武,李约瑟,译.北京:商务印书馆,2002:322.
② 辛向阳.政府理论第一篇:解决洛克《政府论(下篇)》[M].济南:山东人民出版社,2003:46.

死去","不自由,毋宁死",把自由看作是一切天赋权利中最重要的权利。可见,自由思想在近代自然法理论中的发展,为资产阶级构建其社会制度和价值观念,提供了坚实的理论基础。

作为近代自然法理论核心的自由思想着重宣扬人的权利,突出人的主体性、独立性,至今仍是人类价值体系的重要范畴,并对西方政治体制、经济结构和思想观念等诸方面产生了持续的影响。但是,近代自然法理论中的自由学说在逻辑上本身存在着一些含糊的、不易证明的难题。例如,人们怎样知道自然法?自然法确定的内容是什么?为什么自然法具有与生俱来的效力?等等。休谟、边沁等分析法学家以及一些历史法学家在这些问题上向自然法理论发难,摧毁了它的先验的哲学基础,削弱了自然法理论的影响力。进入19世纪后,随着资本主义政治制度在欧美国家的相继建立,时代赋予了法学新的任务:透彻分析并理解现存法律制度,为资本主义法律制度合理性、人道性、永恒性论证,为资本主义法律制度的完善献计献策,为资本主义的继续发展开辟理论上的康庄大道。自然法理论显然不能胜任这一任务,所有这些原因汇合起来,导致了自然法理论在19世纪的衰落。

第二节 政治自由

政治自由,一般来说是指公民享有的合法的民主权利和义务。从本质上看,它是关于人和人或人和社会的关系问题。从古代到今天,人们在讨论社会政治问题时,最根本的问题就是人的本质、社会的本质、国家的本质以及个人、社会、国家之间的关系[①]。几千年来,人类在追求自由的漫漫征途中上下求索,对政治自由的理解也呈现出阶段性的特征。其一,古希腊式的政治自由观。这种政治自由是以牺牲个人自由为代价,以分享社会权力为目标。"作为公民,他可以决定战争与和平;作为个人,他的所有行动都受到限制、监视与压制"[②];"年轻的斯巴达人不能自由地看望他的新娘"[③]。古希腊式的政治自由观的形成与古代人生产力水平低下,交往范围狭隘,领土狭小、小国寡民,因而个人的眼界和能力很有限有关。在古希腊

---

① 李强.自由主义[M].北京:中国社会科学出版社,1998:31.
② 贡斯当.古代人的自由与现代人的自由:贡斯当政治论文选[M].阎克文,刘满贵,译.北京:商务印书馆,1999:27.
③ 贡斯当.古代人的自由与现代人的自由:贡斯当政治论文选[M].阎克文,刘满贵,译.北京:商务印书馆,1999:27.

人看来,牺牲个人独立换取政治权利实质是以较小的牺牲换取较大的获得,但是,这种缺失个人自由的政治自由最终使得个人被国家吞没,公民被城邦吞没,充满法律任意性的"贝壳放逐法"①流行,追寻自由成为实施"暴政"的幌子。其二,近代自由主义体系中的政治自由观。随着资本主义生产关系的萌芽,思想家们以"天赋人权"宣战"君权神授",指出政治自由是公民与生俱来的权利,斯宾诺莎声称"政治的真正目的是自由"②;洛克指出"自由优先于权威,自由是自然的人类状态,政治权威不是自然的,而是约定的,人民的同意是政治社会形成的基础";卢梭高呼"不自由,毋宁死"。近代政治自由观以个人独立为理论起点,以自由至上为价值诉求,以民主、法治、平等等政治范畴为理论支撑建构政治自由的理论大厦,"社会契约论"和"人民主权论"成为维护个人政治自由的"典范",近代政治自由思想为资本主义的早期发展做出了巨大贡献。其三,在积极自由与消极自由之间摇摆的现代政治自由观。伯林的两种自由概念是随着20世纪跌宕起伏的历史成长起来的经典观点,实质是对自由和行使自由的条件、个人的社会义务以及社会的个人义务之相对范围的反思。消极自由的核心含义是不受强制的,是对坚持自由至上的古典自由主义的概括;积极自由的根本意义是自我做主,以"福利国家"的形式曾经力挽西方资本主义国家的社会危机,但最终以法西斯主义这种夸大且事实上扭曲的形式告终。

一、古代自由与现代自由

邦雅曼·贡斯当③关于古代自由与现代自由的界定对我们理解近代以来的自由理念颇具借鉴价值。恰如伯林所言:"没有人比贡斯当对这两种类型的自由之间的冲突看得更透彻,或表达得更加清楚。"④其一,贡斯当在其有生之年,目睹了法

---

① 贝壳放逐法,也被翻译为陶片放逐法,雅典公民可以在贝壳上写上不受欢迎人的名字,并通过投票表决将企图威胁雅典民主制度的政治人物予以政治放逐。
② 王岩.西方政治哲学导论[M].南京:江苏人民出版社,1997:413-432.
③ 邦雅曼·贡斯当(1767—1830),出身于瑞士洛桑的一个法裔贵族家庭。从14岁开始,接受正规的大学教育,1783—1785年在苏格兰的爱丁堡大学读书。贡斯当在爱丁堡大学时期,正是英格兰启蒙运动达到高潮的时期。1795年以前,他只是大革命的旁观者,而不是参与者。改变这一状况的契机是他与斯塔尔夫人的关系。1796年开始,贡斯当相继发表了一系列政治论著,最重要的当属《论当前法国政府的力量和赞同它的必要性》,1806年写了著名小说《阿道夫》,1807年翻译了席勒的剧本《华伦斯坦》。1813年,在拿破仑政府垮台前夕,出版了抨击拿破仑的两本小册子《论征服的精神》与《论僭主政治》,1815年最终发表《适用于所有代议制政府的政治原则》,1830年,贡斯当去世,法国为他举行了隆重的国葬。
④ 伯林.自由论:《自由四论》扩充版[M].胡传胜,译.南京:译林出版社,2003:35.

国大革命的爆发、波旁王朝的覆灭。1830年,贡斯当尽管多种疾病缠身,但还是参加了七月革命,可以说,人类历史的风云动荡、乾坤挪移使得贡斯当的思想真实而又深刻,深深地刻上了时代的烙印。其二,贡斯当出身于瑞士洛桑的法裔贵族家庭,在爱丁堡大学读书期间,其思想深受亚当·斯密(1723—1790)等启蒙思想家的影响,这为他奠定了自由主义思想的基础,也是他对专制制度表现出强烈的敌意与蔑视的重要原因,从而促使其一生为自由的理想而战。其三,贡斯当的政治思想是对卢梭人民主权思想的反思与批判,也是对"人类历史上最为壮丽的日出"——法国大革命的反省。法国大革命的血雨腥风,使得贡斯当认识到人民主权的原则也可能被误用,从而导致令人发指的后果——前所未有的暴政,因此,在贡斯当的思想中,强调权力的合法性、权力的限制以及权力的正确行使等问题。贡斯当认为现代自由对古代自由的超越性在于:

(一) 现代自由强调个体权利的不可侵犯性

贡斯当强调:"公民拥有个人权利,这种权利不依赖于任何社会与政治权威。任何权威若侵犯这些权利都是不合法的。公民的权利包括个人自由、宗教自由、意见自由(包括公开表达的自由)、享受财产的自由,以及不受任何专断权力控制的保障。任何权力都不能质疑这些权利,否则,它就会摧毁自己的信誉。"①

(二) 强调个体独立的重要性

个体独立是维护个体权利的前提条件。贡斯当指出:"个人独立是现代人的第一需求,因此,任何人决不能要求现代人作出任何牺牲,以实现政治自由。"②贡斯当意识到:古代人(在贡斯当的著作中,主要是指古希腊人)理解的自由主要是一种公民资格,即参与决策公共事务的权利,这种权利体现古代公民的自主与尊严。究其原因,古代公民以公共生活为主要生活内容,他们的全部精力与时间几乎都投入公共生活中去了,因此,他们在政治活动中发挥重要的作用③。而现代自由意味着

---

① 贡斯当.古代人的自由与现代人的自由:贡斯当政治论文选[M].阎克文,刘满贵,译.北京:商务印书馆,1999:11.
② 贡斯当.古代人的自由与现代人的自由:贡斯当政治论文选[M].阎克文,刘满贵,译.北京:商务印书馆,1999:16.
③ 贡斯当.古代人的自由与现代人的自由:贡斯当政治论文选[M].阎克文,刘满贵,译.北京:商务印书馆,1999:7.

"个性相对于权威与大众的胜利:这里的权威指的是以专制主义方式统治的权威,而大众指的是要求少数服从多数权利的大众。专制主义没有任何权利,而多数只有强迫少数以维持秩序的权利。但是,所有不扰乱秩序的行为领域,所有只属于一个人内在世界的领域(诸如意见),所有表达不会引发暴力而伤害他人的意见的领域,所有允许竞争者自由竞争的实业领域,都属于个人,社会力量无权合法地干预"[1]。

(三)强调法治的重要性

现代自由是以法治为保障的,首先表现为现代公民享有受法律保障的、不受政府干预的政治权利和私人领域。因此,对现代人而言,自由意味着:"只受法律制约,而不因某个人或若干个人的专断意志而受到某种方式的逮捕、拘禁、处死或虐待的权利,它是每个人表达意见、选择并从事某一职业、支配甚至滥用财产的权利,是不必经过许可、不必说明动机或事由而迁徙的权利。它是每个人与其他个人结社的权利,结社的目的或许是讨论他们的利益,或许是信奉他们以及结社者偏爱的宗教,甚至或许仅仅是以一种最适合他们本性或幻想的方式消磨几天或几小时。最后,它是每个人通过选举全部或部分官员,或通过当权者或多或少不得不留意的代议制、申诉、要求等方式,对政府的行政施加某些影响的权利。"[2]

(四)指出争取政治自由的重要性

其一,政治自由有利于现代公民精神的养成:"政治自由把对公民最神圣的利益的关切与评估毫无例外地交给所有公民,由此丰富了公民的精神,升华了他们的思想,在他们中间确立了某种知识平等,这种平等构成一个民族的荣誉和力量。"[3] 其二,政治自由是个人自由的保障。"个人自由是真正的现代自由。政治自由是个人自由的保障,因而也是不可或缺的。但是,要求我们时代的人民像古代人那样为了政治自由而牺牲所有个人自由,则必然会剥夺他们的个人自由,而一旦实现了这

---

[1] 贡斯当.古代人的自由与现代人的自由:贡斯当政治论文选[M].阎克文,刘满贵,译.北京:商务印书馆,1999:7.
[2] 贡斯当.古代人的自由与现代人的自由:贡斯当政治论文选[M].阎克文,刘满贵,译.北京:商务印书馆,1999:17.
[3] 贡斯当.古代人的自由与现代人的自由:贡斯当政治论文选[M].阎克文,刘满贵,译.北京:商务印书馆,1999:45.

一结果,剥夺他们的政治自由也就是轻而易举的了。"①

贡斯当关于古代自由与现代自由的界定对于西方政治机器体系确立权力的正当性与合法性依据、强化权力的监督与制约具有深远的影响力。

二、消极自由与积极自由

以赛亚·伯林②关于消极自由与积极自由的划分是西方自由思想的经典。消极自由与积极自由是两个各自独立的问题,既非常重要,也不容混淆。一个是:"多少个门向我敞开?"另一个是:"这里谁负责,谁管理?"关于消极自由的问题是:"拦在我前面有什么障碍要排除?其他人怎样妨碍着我?其他人这样做是有意的还是无意的?是间接的还是有制度依据的?关于积极自由的问题是:谁管我?别人管还是自己管?如果是别人,他凭借什么权利?什么权威?如果我有权自主,自己管自己,那么,我会不会失去这个权利?能不能丢掉这个权利?不能放弃这个权利再恢复这个权利?具体怎么做?还有,谁制定法律?或谁执行法律?征求过我的意见吗?是多数人在统治吗?为什么?是因为上帝、牧师,还是党?是出于公共舆论的压力?传统的压力?还是慑于什么权威?"③这便是消极自由与积极自由不同的问题。对这两个问题的不同回答决定一个社会的性质——自由社会还是独裁社会?

伯林指出:"消极"自由被理解为对"我被统治到何种程度"这个问题的回答;"积极"自由被理解为对"谁统治我"这个问题的回答,但常常远离原意,变成社会性的邪恶之物。国内学术界通常认为,伯林支持的是一种对自由的"否定的"规定,即消极向的自由——免受别人强加的约束。但是,伯林自己声称:"有人怀疑我捍卫消极自由而反对积极自由,以为消极自由更文明,那只是因为我觉得,积极自由在

---

① 贡斯当.古代人的自由与现代人的自由:贡斯当政治论文选[M].阎克文,刘满贵,译.北京:商务印书馆,1999:41.
② 伯林(1909—1997),英国哲学家和政治思想家,20世纪最著名的自由主义知识分子之一,出身于俄国里加的一个犹太人家庭。1920年随父母前往英国,1928年进入牛津大学攻读文学和哲学,1932年获选全灵学院研究员。"二战"期间,先后在纽约、华盛顿和莫斯科担任外交职务。1946年重新回到牛津大学教授哲学课程,并把研究方向转向思想史。1957年成为牛津大学社会与政治理论教授,并获封爵士。1966—1975年担任牛津大学沃尔夫森学院院长。主要著作有《扭曲的人性之材》《自由及其背叛》《自由四论》等等。
③ 贾汉贝格鲁.伯林谈话录[M].杨祯钦,译.南京:译林出版社,2011:37.

正常生活中虽然更重要,但与消极自由相比更频繁地被歪曲和滥用。"①伯林进而指出:"历史上虚伪的积极自由所造成的危害比现代虚伪的消极自由所造成的危害更大。"②

回到自由的概念本身。伯林试图在两类问题间做出区分,这两类问题是:"我被统治?"以及"我被统治到何种程度?"早期的思想家对这两个关键问题已经给出各种答案。霍布斯和洛克从人性的角度给出了不同答案。霍布斯对人性的评价有点低。他认为,总的说来,人并非善类,人类是野蛮的而不是温顺的,并且,他认为,为了遏止人与生俱来的狂乱不羁、无法无天和残忍野蛮的冲动,强大的权威的存在是有必要的。因此,他在划分权威和自由之间界线的时候,倾向于权威。他认为,有必要大量使用强制力量,以防止人类互相毁灭、自相杀戮,防止给社会上大多数人造成危险、肮脏、残忍和贫困的生活状况。因而,他给个体自由留下的空间非常小。洛克相信人是善的而不是恶的。他认为,在划界线的时候没有必要这么倾向于权威。在他看来,人类在进入社会之前——当他们还处于"自然状态"时——所拥有的一些权利,甚至在文明社会依然保留,他坚持认为,还是有可能创造出像这样保留他们某些权利的社会。与霍布斯相比,他允许人类拥有更多个体性质的权利,他的理由是,人的天性主要是仁慈向善,没有必要像霍布斯所要求的那样严重摧毁、强制和约束他们,以便产生社会存在所需要的那种最低限度的安全。

从伯林自身的思想发展轨迹来看,其对消极自由与积极自由的概念的深入也经历了一个成长的过程。伯林对在《两种自由概念》初版中把自由说成"不存在阻碍人的欲望得到满足的障碍"这一理解做出了反思:"如果自由的程度可由欲望的满足来衡量,那么,我可以通过有效地消除欲望来增进自由,就像可以通过满足欲望来增进自由一样。"③通过这一反思,伯林否定了无视、遗忘压迫而获得平和与宁静的自由。在伯林看来,"自由最终并不取决于我是否出发或能走多远,而取决于多少扇门是打开的,它们是如何打开的,也取决于它们在我生命中的重要性……我的社会或政治自由的范围在于我的选择(不仅是现实的,而且包括潜在的)的障碍

---

① 贾汉贝格鲁.伯林谈话录[M].杨祯钦,译.南京:译林出版社,2011:37.
② 贾汉贝格鲁.伯林谈话录[M].杨祯钦,译.南京:译林出版社,2011:38.
③ 伯林.自由论:《自由四论》扩充版[M].胡传胜,译.南京:译林出版社,2003:35.

之不存在,即当我决定行动时能以这种方式或那种方式行动"①。由此可见,自由是"行动的机会,而不是行动本身",譬如,"我虽然享有通过敞开的门的权利,我却并不走这些门,而是留在原地什么也不做,我的自由并不因此更少"②。这实际上便是伯林的"消极向"的自由观。

同时,对于积极自由如何演变为积极压制,伯林做出了如下解释:"积极自由的根本意义是自我主宰、自我引导。支配性的自我被认为是'理性的'自我和'自律的'自我,因而也是'理想的'自我,对应于'低级本性''经验的'或'他律的'自我,非理性的自我注定会被理性所遗弃或提升至'高级'自我,由此,积极自由从'自我的强制'发展到'社会的强制',从'合理的自律'发展到'合理的压制',从'理性的一律'发展到'强迫的一律'。"③积极自由观逐渐偏离了自由的精神,发展为社会强制的自由观。

从伯林的思想偏好与传承来看,其关于消极自由与积极自由的概念深受贡斯当思想的影响。伯林指出:"本杰明·贡斯当(邦雅曼——笔者注)是我非常钦佩的思想家,他的论文《古代自由与现代自由的比较》是我所了解的讨论两种自由的最好的作品。"④在对贡斯当思想的传承中,伯林着重指出了贡斯当的一个重要的政治理念:"现代自由确认了人们的隐私权。"⑤这实际上就是伯林消极向自由的雏形。

值得称道的是,伯林在厘清消极自由与积极自由的关系时,把受限制与被强制区分开来,这里面有三层含义:其一,受限制不意味着不自由,"纯粹没有能力达到某个目的不能叫缺少政治自由"⑥,这实际上是在自由与行使自由的条件之间做出区分。这就是说,除非我没有能力获得某个东西是因为其他人做了某些安排,只有在这个时候我才可以说自己是一种强制或奴役的牺牲品。如果一个人太穷、太无知或太软弱以致无法运用他的合法权利,那么这些权利所赋予他的自由对于他就等于无。但是,这种自由并不因此废止了⑦。其二,不受强制并不意味着不受限

---

① 伯林.自由论:《自由四论》扩充版[M].胡传胜,译.南京:译林出版社,2003:36-37.
② 伯林.自由论:《自由四论》扩充版[M].胡传胜,译.南京:译林出版社,2003:39.
③ 顾肃.自由主义基本理念[M].北京:中央编译出版社,2003:276.
④ 贾汉贝格鲁.伯林谈话录[M].杨祯钦,译.南京:译林出版社,2011:38.
⑤ 贾汉贝格鲁.伯林谈话录[M].杨祯钦,译.南京:译林出版社,2011:38.
⑥ 伯林.自由论:《自由四论》扩充版[M].胡传胜,译.南京:译林出版社,2003:190.
⑦ 伯林.自由论:《自由四论》扩充版[M].胡传胜,译.南京:译林出版社,2003:51.

制,因为人是一个有限的存在。比如,我有飞翔的自由,但是,我无法飞翔;我有购房的自由,但由于经济条件的限制,我没有能力购房;我有择业的自由,但是,我无法自由地更换工作。其三,完全不受限制的自由未必是一种生存的理想状态。完全不受限制的自由,伯林称之为"自然的自由",必将导致丛林法则,弱者无法生存,强者为所欲为,"狼的自由就是羊的末日"[①]。可见,消极自由的重心在于个体行动者进行选择时可能性的大小与备选项的多少,而不关心选择时的主体内心状况与选择结果的正确与否;没有绝对自由的状态,任何自由都要受到限制。这是伯林反对把消极自由界定为"为所欲为"的理由之一[②]。

从政治价值的角度审视,伯林实质上重申了古典自由主义的两个基本原则:其一,"个人"对于政府具有优先性,这意味着政府的干预有一个下限,个人在某些界限内不容侵犯;其二,权利对于权力而言具有优先性。伯林对于消极自由与积极自由的划分实质上既承认了20世纪以来积极自由领域取得的巨大进步,也是对法西斯专政的一种审视:过度的积极自由导致消极自由的丧失,并由此衍生出资本主义社会层出不穷的社会危机。

第三节 自由主义政治自由

作为近代以来西方资本主义的主流意识形态,自由主义不仅是一种基本的政治信念,也是一种社会体制建构和政策取向;它还是一种宽容异己、兼容并包的生活方式,其内涵丰富多彩,外延极其广泛,思想深刻,诉求多元。从中世纪后期到18世纪的前半期,在政治思想方面,实则是两股思潮的涌动:对王权的崇拜与古典自由民主意识的萌生发展交错进行,并行不悖,"怀疑""理性""个体意识的觉醒"等成为与自由相关联的精神气质,欧洲中世纪社会政治生活中的微妙变化和革新培育了近代的自由观念。具体表现为:王权在与教权和封建贵族的斗争中不断得到加强,以王权为核心,建立民族国家,在西班牙、法国和英国等国家,形成了封建割据的君主政体—等级君主政体—专制君主政体—君主立宪政体(人民主权政体或

[①] 伯林.自由论:《自由四论》扩充版[M].胡传胜,译.南京:译林出版社,2003:192.
[②] 施晓花,李淼.论"社会—个体互构"的政治和谐观——基于扬弃伯林"两种自由概念"的视角[J].湖南大学学报(社会科学版),2013(1):118-124.

代议制政体)的发展模式。从一般情况来看,这两股思潮本是水火不容的,然而在当时的历史条件下,却能并行而不悖。一个热爱自由民主的人,同时也可能是王权的崇拜者和鼓吹者,但是这并非意味着两者能够长久地和睦相处。从本质上说,两者是根本对立的。王权的强大势必阻碍民主自由的发展,而民主自由的发展又不可避免地要把王权送上历史的审判台。也可以说,在近代早期,王权与民权的共存与共进,实为两者互为依赖互为利用的关系。王权需要资产阶级的力量对付各级封建贵族和下层平民,亦需要他们的财富充实国库;资产阶级则需要王权作为他们的保护伞,以便自身的发展和壮大。一旦两者发展到需要甩掉对方时,冲突随即产生。其结果,不是王权战胜民权,就是民权埋葬了王权。英国《自由大宪章》的诞生,就反映了英国贵族与王权之间的对抗,作为"权利"意义上的近代自由由此产生[①]。

如果我们将这一历史运动作一整体上的把握(即考虑各民族发展的不平衡性),则不难发现它的三个阶段性。第一阶段,人们崇拜专制的君主,甘愿对君主绝对地服从,这在思想界集中体现为马基雅维里、格劳秀斯、霍布斯等人的国家主权论,政治实践则是各国王权的专制统治;第二阶段,人们转而赞同君主立宪制,主张给王权一定的限制,伏尔泰、孟德斯鸠等人就是此种理论的代言人,政治实践主要是英国革命,既保留王室的象征意义,同时又建立了近代意义的民主政治;第三阶段,民主的要求不仅流行于社会上层,而且变为全体社会成员的政治期望,特别为下层群众所拥护。他们不再主张君主立宪,不再需要王室的象征意义,而是要求结束王权,建立彻底性的民主政治。这在思想界主要是卢梭的学说,政治实践则为法国大革命。这三个阶段的递进,所反映的是王权的渐次衰落,民权的逐渐增大,或者说是封建势力的日渐没落和资产阶级力量的日益壮大,而其中最关键的则是以自由主义为核心的资产阶级意识形态的形成和发展以及由此衍生的政治自由观的萌生、发展、成熟。

一、自由主义政治自由观的理论基石

自由主义在历史流变的过程中,确立了一些基本的理论前提:其一,最大限度地保障个人自由,即确定那些赋予个人以不受他人限制和干涉而追求自身生活计

---

① 孟锐峰.马克思政治哲学对自由主义的超越[M].天津:南开大学出版社,2013:9.

划的最大机会①。其二,最大限度地尊重个人权利,维护个人尊严。作为个体的人有绝对的权利拒绝非来自权力的非人性摆布与奴役。

(一) 个人主义

自由主义的基础与出发点是个人主义。个人主义的基本特征,就是把个人当作人来尊重,就是在他自己的范围内承认他的看法和趣味是至高无上的。②《简明牛津辞典》(1990年,第八版)对个人主义的定义如下:

① 独立和自主的态度或立场;
② 尊重自由的个人行动的一种社会理论;
③ 以自我为中心的情感或行为,即自我主义③。

从个人主义的学术理路来看,西方论者研究"个人主义"通常有两个层面的内涵:

其一,是指"方法论个人主义"。按照 Hamlin 的描述,方法论个人主义有三个基本命题:第一,人之个体乃是社会、政治和经济生活中唯一积极主动的参与者;第二,个人进行决策的时候将为了自己的利益行事,除非受到强制;第三,没有人能够像利益者个人那样了解他自身的利益④。概而言之,方法论个人主义的核心就是在"整体主义"与"唯个人主义"这两极之间做出一极选择。

其二,是指"价值论个人主义"。"价值论个人主义"认为,个人主义价值体系主要由三个命题来表述:所有价值观都是以人为中心的,也就是由人来体验的;个人是目的本身,具有最高的价值,社会只是个人目的的手段,而不是相反;在某种意义上说,所有的人在道德上都是平等的,这种平等性的表述正如康德所说,是任何人都不能被当作其他人福利的手段。个人主义的这三个主要的原则属于西方近代以来社会思想的精华,可以从古典自由主义大师洛克、康德以及罗尔斯、诺奇克等现代自由主义思想家那里找到其深厚的思想根源⑤。

个人主义是自由主义者的教义,以个人主义为基础的自由主义为推动资本主义发展做出了历史性的贡献,因而经常为自由主义所自我标榜、自我陶醉;同时,以

---

① 顾肃.自由主义基本理念[M].北京:中央编译出版社,2003:20.
② 哈耶克.通往奴役之路[M].王明毅,冯兴元,等译.修订版.北京:中国社会科学出版社,2013:41.
③ 霍普.个人主义时代之共同体重建[M].沈数,译.杭州:浙江大学出版社,2010:71.
④ 哈耶克.通往奴役之路[M].王明毅,冯兴元,等译.修订版.北京:中国社会科学出版社,2013:5.
⑤ 顾肃.自由主义基本理念[M].北京:中央编译出版社,2003:20.

个人主义为基础的自由主义也加速了西方世界的衰落,所谓"成也萧何,败也萧何",这也成为自由主义屡屡受到指责、批判的核心。哈耶克[①]在其论文《个人主义:真与伪》中明确而坚定地捍卫了真个人主义,批驳了伪个人主义。在哈耶克那里,真个人主义与伪个人主义所依凭的原则是根本冲突的,具体表现为两个关键点:首先,伪个人主义的观点认为,"对于任何把个人视作出发点并且假定个人乃是经由一种形式契约的方式把自己的特定意志与其他人的意志统合在一起而形成社会的哲学家来说,信奉自生自发的社会产物的做法从逻辑上讲乃是不可能的",而真个人主义则是唯一一种旨在阐明自生自发社会产物之形成的现象并使之得到人们理解的理论;其次,伪个人主义必定会达成这样一种结论,即只有当社会过程受个人理性控制的时候,它们才能够有效地服务于个人的目的,而真个人主义则与此相反,因为它坚信,如果让个人享有自由,那么他们取得的成就往往会大于个人理性所能设计或预见到的成就[②]。在哈耶克的论述中,他极力批驳伪个人主义,宣称自己主张的个人主义与自由主义可以互换使用,由此可见,哈耶克试图通过拯救个人主义来挽救古典自由主义,帮助西方社会逃离由于政府的过度干预而形成的积重难返的社会危机。

从个人主义被滥用的情况来看,一方面,把个人主义等同于极端个人主义和无政府主义,并由此抨击自由主义。事实上,自由主义也反对极端个人主义和无政府主义。在古典自由主义的理论体系中,大多数思想家主张政府应当把对个人的干涉限制在最低限度,应当把自己的职能大多限于维护法律和秩序,阻止个人对他人的干预,强制执行自愿达成的协议(契约)。因此在古典自由主义思想家看来,国家是必要的祸害,"最好的政府是管得最少的政府"。现代自由主义摈弃了古典自由主义将个人自由置于至高无上的地位这一政治诉求,扩大国家的积极作用,力求把个人自由与公共利益相统一,使个人自由与社会发展协调一致。另一方面,把个人主义等同于极端利己主义。应当承认,个人主义不排除利己主义倾向,但绝不是极端利己主义的代名词。哈耶克的《通往奴役之路》的目的之一是为他所倡导的个人主义正名。他抱怨道:"个人主义在今天名声不佳,这个词和利己主义与自私自利

---

① 弗里德里希·奥古斯特·冯·哈耶克(1899—1992),奥地利裔英国经济学家,20世纪最重要的自由主义理论家、经济学家和政治哲学家之一,诺贝尔经济学奖得主。他致力于社会和政治理论研究,建立了朝圣山学社,提出了有关当代社会理论和社会变革的普遍性问题。主要作品有:《通往奴役之路》《自由秩序原理》《个人主义与经济秩序》《法律、立法与自由》《致命的自负》等。
② 哈耶克.通往奴役之路[M].王明毅,冯兴元,等译.修订版.北京:中国社会科学出版社,2013:17.

联系在一起。但我们所说的与社会主义和一切形式的集体主义相对立的个人主义,与这些东西没有必然的联系。"①实质上,个人主义的真正对立面只能是集体主义。"个人主义与集体主义代表了截然不同的两种方法论与价值观。在集体主义看来,集体的存在先于个体的存在,集体的属性决定个体的属性,集体利益高于个体利益,个人应该为集体服务。个人主义则相反,它认为个体的存在先于集体的存在,个体的性质决定集体的性质。个人的利益高于集体利益,任何集体最终都是为了服务于个人利益而发展起来的。"②

事实上,如果抛开有关个人主义的意识形态纷争,个人主义政治哲学所要表达的一个基本立场就是:所有政治与社会规则的出发点和落脚点是个人,一个在理论上完全否认个人价值取向的社会很难在经济上实现繁荣富强,在政治上实现自由民主。只是在西方资本主义的框架内,个人主义主导下的自由主义时常"必然"地走向极端,并由此招致了对个人主义的毁灭性打击。

(二) 价值多元主义

自由主义理论的发展需要价值多元主义为其保驾护航。自由主义是一个极具包容性的理论,尽管在自由主义所追求的价值序列中,自由被列在第一位,其他与自由相关的价值都必须做出让步,不得有损于自由的实现,但是自由主义又坚持认为价值多元主义和自由至上并行不悖,并如此展开论证:人有按照自己的意愿从事活动的权利,鼓励充分地发展人的个性和自由意志,促进世界多样化和人的价值追求的多元性、价值创造的丰富性。只要个人的选择不妨碍他人的选择,即便截然相反的选择,也被视为具有同等的合理性。自由主义充分认同价值选择和价值判断的多元性、易变性和宽容性,并由此促进了多元社会的发展。从本质上说,自由主义在一定程度上和一定范围内对自由的诉求与实现可以导致宽容、民主、正义等诉求得到满足与实现。正如约翰·格雷③所言:价值多元主义最基本的主张是,存在

---

① 哈耶克.通往奴役之路[M].王明毅,冯兴元,等译.修订版.北京:中国社会科学出版社,2013:41.
② 波普尔.开放社会及其敌人[M].杜汝楫,戴雅民,译.太原:山西高校联合出版社,1992:105-106.
③ 约翰·格雷是英国著名政治学家,曾任牛津大学政治学教授。他在20世纪80年代所著的《自由主义》和90年代所著的《后自由主义》可以说是研究自由主义的经典读本。2000年出版的《自由主义的两张面孔》不仅可以视为前两本书的综合,也可以说是对自由主义深入剖析的结果,它对正统的自由主义的深刻批判回应了当代世界的多元化潮流,体现了当今人类在一些最根本的生活方式和政治体制问题上的建设性探索。

着许多相互冲突的人类生长繁衍方式,其中一些在价值上无法比较。在人类可以过的许多种善的生活当中,有一些既不会比别的好,也不会比别的差,它们也不会具有同样的价值,而且有着不可通约的——也就是说,不同的——价值①。

从漫长的人类实践来看,人类价值和目标的冲突是一种必然,"人类的善表现在各种彼此竞争的生活方式之中"②。作为生活方式、意识形态与实践运动的自由主义需要多元主义提供理论基石。以赛亚·伯林指出:在任何道德或行为准则的范围内,终极价值或人类目标之间总会产生一些冲突;对于这种价值冲突,人们无法用一个合理的标准加以仲裁和解决,因为这些价值之间是不可通约的。同时,即使在同一价值或善内部,其构成的要素也都是复杂的和内在多元的,其中的一些要素是不可通约、不可比较甚至是互相冲突的。如自由价值内部的举报自由和保护隐私的自由、平等价值内部的机会平等和结果平等等等。因此,每种价值或善本身都可能是一个各种不可通约的要素进行竞争冲突的场所③。价值的不可通约性和冲突性,决定了人们时刻面临着多样选择。通过这种选择活动,人类为自己创造了多样的本性,并决定了人在本质上是自我改变的和永未完成的。

价值多元主义不是相对主义,也不否定普遍主义。在现实政治实践中,自由主义者在价值判断上既是多元主义者,同时又是超越具体价值观的普遍主义者。具体价值的多元和少数基本原则的普遍性缺一不可。自由主义允许不同的价值观、信仰体系、道德观共存于民主社会,但同时也强调社会以宪法为基础的重叠共识是社会稳定性的真正基础。

二、自由主义政治自由观的现实诉求

(一) 经济诉求

维护个人财产权是自由主义政治自由观最核心的经济诉求。"自由主义关于自由、民主、法制的一系列理念都是基于所有权概念之上的,自由无非是所有权的自由交换,而民主则是所有者权益在政治上的反映,换句话说,民主制度在实质上

---

① 格雷.自由主义的两张面孔[M].顾爱彬,李瑞华,译.南京:江苏人民出版社,2005:8.
② 格雷.自由主义的两张面孔[M].顾爱彬,李瑞华,译.南京:江苏人民出版社,2005:45.
③ 格雷.伯林[M].马俊峰,杨彩霞,路日丽,译.北京:昆仑出版社,1999:41-45.

相当于股份所有制。"①于是,从自由主义产生初期,个人财产权就是其最重要的理论基础之一。财产权既是个人固有的权利,也是个人自由的保障。例如,在洛克的政治哲学中,"生命、自由和财产"的天赋权利对于社会和政府都是不可取消的权利。社会和政府的存在是为了保护已经存在的对财产的私有权利,而对一个人天赋权利的任何限制都必须以保护另一个人或一些人同样重要的权利为理由②。卢梭虽然指出了财产私有制和财富的不平等占有是一切社会不平等的根源,但他所提出的解决社会平等问题的方案却不主张废除私有制,而是保留财产相对平等的小私有制。他强调:"财产权的确是所有公民权中最神圣的权利,它在某些方面,甚至比自由还更重要。"③

总而言之,自由主义对财产权的论证主要有三类:第一,财产权是人们不可剥夺的天赋权利。第二,财产权是促进社会繁荣的重要手段。第三,财产权是个人自由的重要保障,没有财产权也就没有个人自由。

(二) 政治诉求

对个人自由的追求在政治方面则体现为对限权政府的要求。自由主义对于政府的理解主要有以下两个方面:一是对政府存有深深的戒心。基于对巨大性、侵略性、易腐蚀性怀有的深深恐惧和戒心以及对人性在先验维度与现实层面的怀疑,从洛克开始,限权政府就成为自由主义政府理论的核心观念。其基本思路是以民主制度从权力的政治合法性角度控制政府权力的来源与监督权力运作过程;以健全的法制从法律合法性层面判断政府权力的实施与成效;以分权制衡制度从权力之间的相互钳制实现以权力监督权力、以野心约束野心的限权目的。进入19世纪中期以后,有为政府成为现代自由主义的努力方向。随着社会矛盾的激化和民主选举权的扩大,最小政府的主张渐渐地失去了它的吸引力。最小政府的理想在密尔那里第一次得到了质疑,在其《政治经济学原理》中,他根据功利主义的原则,认为为了某种特定的目的,政府可以对人们的行为进行有限的干涉,这个目的就是"伟大的善"或者"伟大的利益"。为了提高人民的美德和智慧,国家可以强迫人民完成义务教育;为了保护儿童,国家可以对不准使用童工进行立法;为了扶助穷人,国家

---

① 李强.自由主义[M].北京:中国社会科学出版社,1998:22.
② 顾肃.自由主义基本理念[M].北京:中央编译出版社,2003:173.
③ 卢梭.论政治经济学[M].王运成,译.北京:商务印书馆,1962:25.

可以通过济贫法提供救济;为了使属地殖民化,国家可以支持地理科学考察;等等。因此,为了伟大的善或者利益,可以实行有限的国家干涉。这样,在自由主义内部,密尔第一次引入了国家干涉的概念,使得古典的自由放任主义逐渐转变为现代自由主义,也使得古典消极自由转变为积极自由①。此后,随着一系列理论和实践重大转折的出现,如格林、鲍桑葵、霍布豪斯②等为代表的牛津唯心主义哲学的兴起、两次世界大战、凯恩斯主义和罗斯福新政的成功、社会主义运动的影响等等,传统的自由放任主义逐渐被现代自由主义(新自由主义)所替代,对政府的要求也由维护消极自由转向维护消极自由与一定程度的积极自由相结合。积极自由要求政府主动地做出相关举措,尽到自己的义务。当然,在现实中自由民主国家的福利政策往往走得更远,使得社会的最低收入额——也就是政府保障的个人的最低生活物质——达到一个相当高的程度,其中以北欧国家最为典型。值得注意的是,近年来随着一些全球性问题——如环境污染、生态危机、能源和资源危机等日益突出,人们对政府的积极角色的期望也持续增加。由于解决这些问题离不开政府的参与,所以人们普遍期望政府采取更加积极的手段去遏制目前不利状况的持续,从而使政府掌握更多的权力和资源,同时对政府的治理和政府权力的监督也提出了新的挑战。

(三) 价值追寻

以个人主义和价值多元主义为理论基石的自由主义,其价值诉求主要有两个方面:① 自主;② 尊严。进一步探析,追寻自主导向了自由,追寻尊严导向了平等。

1. 政治自主

"自主是个人的思想和行为属于自己,并不受制于他所不能控制的力量或原因。"③这就是说,公民在现实政治场域进行判断与选择时,拥有自主的选择权,不受他人干预和控制。自由主义的自主包含三个层次:

其一,个人有进行自由判断和自由选择的能力和机会;

---

① 密尔这种思想的根源可能是他受洪堡对"个性"的强调的影响,也可能是受当时社会主义运动的影响。这与从市场失灵的角度对国家干涉进行的论证并不完全相同。
② 里奥纳德·特里劳尼·霍布豪斯(1864—1929),英国哲学家和社会学家,先后在牛津大学和伦敦大学任教。代表作有《认识论》《发展和目的》《社会学原理》。
③ 卢克斯.个人主义[M].阎克文,译.南京:江苏人民出版社,2001:43.

其二,个人判断和选择的备选项必须是充分的,这些备选项不是外界强加的,或者可能的备选项没有被屏蔽掉;

其三,个人所判断和选择的事务必须在个人生活中占有举足轻重的地位,在无足轻重的事情上,即使有选择的自由,自主也不具有实质性意义①。

自由主义诉求政治自主的行为必然导致它追求政治自由的理想。自由主义政治自由观是对封建专制制度下的君权神授观的响亮批判,是对资本主义自由经济的高声呐喊,具有一定的进步性。自由主义政治自由观直接指向人的自我发展和自我价值的实现,指向人的能动性与创造性。但是,自由主义政治自由具有"两张面孔"②:一方面,维护个体的尊严与自主,形成了浓厚的权利文化;另一方面,基于权利的自由主义所带来的问题是十分明显的。在美国,枪支的管控问题,就是一个典型的例子。众所周知,美国每年发生的枪杀案数以千计。但是,美国政府无法采取有效的枪支控制措施,因为反对者尤其是那些有着巨大影响力的枪支游说团体认为,美国宪法第二修正案规定(美国)人民持有和携带武器的权利不得侵犯。于是,我们会看到这样一种不尴不尬的情景:致使大量无辜被枪杀的间接原因,是由于美国人维护他们的权利所造成的③。福山指出:在美国,从义务和责任的角度来说,所谓的"权利文化"意味着一部分人对另一部分人难以妥协的、无法均衡的利害关系。他揶揄说,"在美国,一本美丽的撒马利亚五经更能用来治理那些帮倒忙的行为,让那些制造麻烦的人得到应有的报应"④。

2. 政治尊严

政治尊严表达了社会或政治共同体对个体作为人的本质、需求与价值的尊重和认同。"一个人的尊严——它通常首先被视为一个人的同类、年龄、性别或者职业团体的特征——是通过承担传统上所确定的一个人的身份责任,而不是通过自发地形成或者显示独特的个人存在来获取或巩固的。"⑤自由主义政治自由观摈弃

---

① 张铃枣,翁祖彪.政治个人主义的病理分析及其超越[J].福建农林大学学报(哲学社会科学版),2010(5):74-78.
② 此处的两张面孔迁移了约翰·格雷著,顾爱彬、李瑞华译的《自由主义的两张面孔》。
③ 霍普.个人主义时代之共同体重建[M].沈毅,译.杭州:浙江大学出版社,2010:34.
④ 霍普.个人主义时代之共同体重建[M].沈毅,译.杭州:浙江大学出版社,2010:34.
⑤ 唐纳利.普遍人权的理论与实践[M].王浦劬,张文成,燕继荣,等译.北京:中国社会科学出版社,2001:84.

了奴隶社会与封建社会中的主流政治关系——"身份政治"[1],确立了契约政治,承认和尊重个体的价值与尊严。康德指出:"人(与他一起每一个有理性的存在者)就是这个自在的目的本身,亦即他永远不能被某个人(甚至不能被上帝)单纯用作手段而不是在此同时自身又是目的,所以在我们人格中的人性对我们来说本身必定是神圣的:这就是从现在起自然得出的结论,因为人是道德律的主体,因而是那种自在地就是神圣的东西的主体。"[2] "人是目的"是关于政治尊严的最深刻、最丰富,同时也是本体的、终极的表达。个体对政治尊严的追求必然导向政治平等的理想。

由此,从逻辑上判断,自由主义政治自由观在个人、社会和政府三者关系上的基本立场:社会在理论逻辑上先于政府,也大于政府,政府只是社会的一个组成部分。无数个个体构成了社会,个体具有实在性,个体的性格决定着社会的性质。社会与政府的关系在实质上是个人与政府的关系,因此,个人是目的,政府在性质上只是手段,是工具。个人与社会和政府相比,个人才是三者中真正具有终极性质的实体[3]。诚如德沃金所言:"政府必须关心它统治下的公民,亦即,把他们当作有能力经受痛苦和挫折的人;政府必须尊重它统治下的人民,亦即,将他们当作可以根据他们应当如何生活的理性概念有能力组织起来并采取行动的人。政府必须不仅仅关心和尊重人民,而且必须平等地关心和尊重人民。"[4]

第四节　马克思主义政治自由

马克思主义政治自由观既包含了自由意志与客观必然、主体能动性与客体制约性的互动,也包含了个体自主与社会规制、个体权利与社会义务等多重矛盾的统一,还包含了与经济、政治、文化等多重社会结构的协调发展,马克思主义政治自由观正是在各种矛盾的对立统一中发展起来的,这些彼此制约、依次递进的构成要素,在现实生活中体现了马克思主义政治自由观的独到价值和魅力。

---

[1] 在传统身份政治中,个人与社会的不可分离性导致了个人的价值和尊严被社会和共同体所吞噬,个人只是社会中渺小得不能再渺小的一部分,个人的权利消融于集体的权威之中,个人的利益也轻而易举地成为公共利益和集体利益的牺牲品。
[2] 康德.实践理性批判[M].邓晓芒,译.北京:人民出版社,2003:180.
[3] 徐大同.当代西方政治思潮:20世纪70年代以来[M].天津:天津人民出版社,2001:19.
[4] 德沃金.认真对待权利[C].信春鹰,吴玉章,译.上海:上海三联书店,2008:362.

一、马克思主义政治自由观的理论基石

马克思主义政治自由观以马克思主义人性观与实践观为理论基石,从需求、立场、发展、目标等维度建构其政治自由观,充分体现了马克思主义的政治立场、价值指向与现实诉求。

(一)马克思主义人性观

马克思主义人性观是马克思主义政治自由观的理论起点。在马克思主义的理论视域中,人的复杂性体现为人的社会性、政治性、类特性、实践性以及利益性。

1. 人是社会的人

马克思在其著作中多次提到人的本质的社会性。马克思指出:"人不是抽象地蛰居于世界之外的存在物。人就是人的世界,就是国家,社会。"[①]"个体是社会存在物。因此,他的生命表现,即使不采取共同的、同他人一起完成的生命表现这种直接形式,也是社会生活的表现和确证。"[②]人具有社会性是马克思的一贯主张。马克思把握的"人"既不是18世纪唯物主义所言的静止的现实的人,也不是形而上学规定的思辨的人,与这两种头脑中的主观抽象的"人"不同的是,他对"人"的理解是能动的有理想旨趣的"现实的个人",这样的"个人"在创造"历史"的同时,与另一些"个人"构成"社会关系",在社会发展进程中展开"现实的运动",使"自由人的联合体"成为人的政治理想的现实目标。

2. 人是政治的人

政治的人意味着人具有阶级性。马克思指出:"至今一切社会的历史都是阶级斗争的历史。自由民和奴隶、贵族和平民、领主和农奴、行会师傅和帮工,一句话,压迫者和被压迫者,始终处于相互对立的地位,进行不断的、有时隐蔽有时公开的斗争,而每一次斗争的结局都是整个社会受到革命改造或者斗争的各阶级同归于尽。"[③]

---

① 马克思,恩格斯. 马克思恩格斯选集:第1卷[M]. 中共中央马克思恩格斯列宁斯大林著作编译局,译. 北京:人民出版社,1995:1.
② 马克思,恩格斯. 马克思恩格斯选集:第1卷[M]. 中共中央马克思恩格斯列宁斯大林著作编译局,译. 北京:人民出版社,1995:84.
③ 马克思,恩格斯. 共产党宣言[M]. 中共中央马克思恩格斯列宁斯大林著作编译局,译. 北京:人民出版社,1997:27.

在马克思的思想体系中,资产阶级主张的政治自由至少有两个方面的缺陷:其一,它用政治自由的全民性掩盖了政治自由的阶级性。马克思指出:"从封建社会的灭亡中产生出来的现代资产阶级社会并没有消灭阶级对立。它只是用新的阶级、新的压迫条件、新的斗争形式代替了旧的。"①因而在资产阶级夺取社会统治地位之后,不可避免地表现出虚伪性。其二,它用财产规定限制无产阶级的政治权利,因而不可避免地遭到无产阶级的反对。造成这种后果的主要原因就在于,资产阶级的政治自由观抽象化地理解人以及人的本质。

3. 人是向群的人

人的向群性取决于人的类本质。马克思指出:"人是类存在物,不仅因为人在实践上和理论上都把类——他自身的类以及其他物的类——当作自己的对象,而且因为——这只是同一事物的另一种说法——人把自身当作现有的、有生命的类对待,因为人把自身当作普遍的因而也是自由的存在物来对待。"②人在类存在中确证自己,并且在自己的普遍性中作为思维着的存在物自为地存在着。

4. 人是实践的人

政治实践是人在政治生活中的根本存在方式,政治理念设计与政治伦理诉求只有在政治实践中才能成为生动的现实,从而切实地改变人的历史命运。"社会关系和政治关系"总是通过"一定的个人"的政治实践展开的,马克思始终坚持"改变世界"的实践。以政治实践为"毕生的使命"的他深知,诉求"人类解放""自由与全面发展"的政治哲学只有经过无产阶级的社会主义实践,才能具有"改变世界"的革命力量,从而避免"乌托邦"的幻梦。在马克思看来,对政治自由之自由的全部,最终都要归结到实践领域,归结到自由的实现上来。马克思政治自由观的实践本质是超越其他一切政治自由观的最根本、最显著的方面。

5. 人是利益的人

马克思、恩格斯认为,利益是社会发展的基础、前提和动力因素,追求利益是人类历史活动的基本动力,各种形式的政治活动不过是一定的阶级或其他社会集团

---

① 马克思,恩格斯. 共产党宣言[M]. 中共中央马克思恩格斯列宁斯大林著作编译局,译. 北京:人民出版社,1997:28.
② 马克思. 1844年经济学哲学手稿[M]. 中共中央马克思恩格斯列宁斯大林著作编译局,译. 北京:人民出版社,2000:56.

谋求利益的手段。人们的自然条件和社会关系决定了他们有层次不同、对象各异的需要。当这种需要导致比较强烈、持久的目的时，就表现为利益。

人的利益取决于人的需要。马克思和恩格斯在《德意志意识形态》中指出："一切人类生存的第一个前提，也就是一切历史的第一个前提，这个前提就是：人们为了能够'创造历史'，必须能够生活。但是为了生活，首先就需要吃喝住穿以及其他一些东西。"[1]由此可见，需要是人类自身存在的必然性。对于现实存在的人来说，他自己的实现表现为内在的必然性，表现为需要，需要即人的本性。

（二）马克思主义实践观

实践的观点是马克思主义首要的基本的观点。认识世界的目的是改变世界，认识自由的目的是争取自由。马克思反复强调实践的重要性，在《德意志意识形态》中，马克思首先指出，"不是意识决定生活，而是生活决定意识"[2]，其次，马克思批判青年黑格尔派意识形态家们的脱离实践、闭门造车："他们只是用词句来反对这些词句；既然他们仅仅反对这个世界的词句，那么他们就绝对不是反对现实的现存世界。"[3]在《共产党宣言》中，马克思指出："共产党人不屑于隐瞒自己的观点和意图。他们公开宣布：他们的目的只有用暴力推翻全部现存的社会制度才能达到。让统治阶级在共产主义革命面前发抖吧。无产者在这个革命中失去的只是锁链。他们获得的将是整个世界。"[4]这就告诉我们，政治自由不是天上掉下来的馅饼，也不是靠磨嘴皮子实现的，它需要政治主体砸断锁链，联合起来，通过现实政治实践去争取。

从政治自由的生成逻辑来看，一方面，在人的实践活动中，政治自由生成其客观形态并得到实践的肯认与强化；另一方面，政治自由也通过政治主体的理性反思与道德彰显而升华为政治社会的价值追求并成为政治实践的价值判准。政治自由

---

[1] 马克思,恩格斯.马克思恩格斯选集:第1卷[M].中共中央马克思恩格斯列宁斯大林著作编译局,译.北京:人民出版社,1995:78-79.

[2] 马克思,恩格斯.马克思恩格斯选集:第1卷[M].中共中央马克思恩格斯列宁斯大林著作编译局,译.北京:人民出版社,1995:73.

[3] 马克思,恩格斯.马克思恩格斯选集:第1卷[M].中共中央马克思恩格斯列宁斯大林著作编译局,译.北京:人民出版社,1995:73.

[4] 马克思,恩格斯.共产党宣言[M].中共中央马克思恩格斯列宁斯大林著作编译局,译.北京:人民出版社,1997:62-63.

是具体的、历史的,要争取和促进政治自由,就必须通过社会形式和社会路径来进行政治实践。因此,政治自由的产生、变迁不能从其本身得到解释,而必须到具体时代的生产方式的矛盾运动中去寻找。这是一种从"地上"升到"天上"的世界观,所谓"地上",用马克思的话说,就是"现实的人"和"他们的现实生活过程",这体现了从类理性向阶级理性的飞跃,体现了从"人的本质力量"向"生产力"的飞跃,体现了从"类"关系向"交往"(生产)关系的飞跃①。

以实践为基石的马克思主义对于政治自由的诉求来自生产方式变革的客观需要,生产方式是生产力与生产关系的统一,生产力有一种不可遏止、永不满足的发展势头,因而生产关系或社会制度的变革也是不断变化,历久弥新的。在人类历史的漫长实践中,马克思主义政治自由的实践随着生产力和生产关系的辩证运动而产生、发展、成熟、完善,在历史的运动中显示其源源不断的生命力。

二、马克思主义政治自由观的现实诉求

(一) 政治解放

马克思主义政治自由观的现实目标是政治解放。在马克思的思想体系中,政治解放的基本内容就是人要获得起码的生存权和发展权。这种权利不是天赋的,而是法定的;不是抽象的,而是现实的;不是特殊的,而是普遍的。在青年马克思充满浪漫主义色彩的爱情诗歌中,我们能更直截了当地洞悉其充满力量的政治解放思想:

> 面对整个奸诈的世界,
> 我会毫不留情地把战挑,
> 让世界这庞然大物塌倒,
> 它自身扑灭不了这火苗。
> ……②

马克思看到,资产阶级虽然在历史上起过非常革命的作用,但也造就了一个贫富分化严重的冷冰冰的现实世界,人与人之间田园诗般的关系被无情斩断,取而代

---

① 侯惠勤. 侯惠勤自选集[M]. 北京:学习出版社,2012:57-59.
② 麦克莱伦. 马克思传:第4版[M]. 王珍,译. 北京:中国人民大学出版社,2008:17.

之的是有产者对无产者公开的、无耻的、赤裸裸的剥削和压迫:"资产阶级抹去了一切向来受人尊崇和令人敬畏的职业的神圣光环,它把医生、律师、教士、诗人和学者变成了他出钱招雇的雇佣劳动者。"①资产阶级启蒙思想家高喊的口号"自由、平等、人权、民主"最终导致了一个极度不平等的世界:经济的不平等、政治的不民主、道德堕落、社会危机四伏。马克思正是在这种背景下来审视、反思、批判自由主义政治自由观,构筑马克思主义的政治自由观,维护无产者的政治权利,推动社会的政治解放。

马克思推动政治解放的方法是破"旧"立"新"。破,就是"批判",立就是"建构",换言之,批判旧世界,建设新世界。

马克思对费尔巴哈、布鲁诺·鲍威尔和施蒂纳所代表的唯心主义思想进行了批判。在《德意志意识形态》中,马克思指出:"本书第一卷的目的就是要揭露这些自以为是狼,也被人看成是狼的绵羊……"②为什么要批判他们呢?因为这些哲学家们躲在黑格尔的唯心主义体系中自得其乐,用词句批判词句,"这些哲学家没有一个要想到提出德国哲学和德国现实之间的联系问题,关于他们所作的批判和他们自身的物质环境之间的联系问题"③。在这里,马克思从历史观的角度否定了黑格尔把绝对理念作为活动主体的唯心史观,抛出了其以现实存在的活生生的历史与人为主体的唯物史观。

那么,现实中的人的生存境况如何呢?"整个社会日益分化为两大敌对的阵营,分裂为两大相互直接对立的阶级:资产阶级和无产阶级"④,既然存在阶级对立,就一定存在不平等,那么,现存的自由、民主、平等不过是"画饼充饥"而已。因此,马克思继而批判了现存的资产阶级的民主与法制的虚伪性。在《论犹太人问题》中,马克思指出资产阶级革命后建立的民主政治虽然在理论上设定了"人民的统治"的政治理想,但在实践中又往往与这一理想大相径庭。对此,马克思不无讽

---

① 马克思,恩格斯. 共产党宣言[M]. 中共中央马克思恩格斯列宁斯大林著作编译局,译. 北京:人民出版社,1997:30.
② 马克思,恩格斯. 德意志意识形态:节选本[M]. 中共中央马克思恩格斯列宁斯大林著作编译局,译. 北京:人民出版社,2003:3.
③ 马克思,恩格斯. 德意志意识形态:节选本[M]. 中共中央马克思恩格斯列宁斯大林著作编译局,译. 北京:人民出版社,2003:10.
④ 马克思,恩格斯. 共产党宣言[M]. 中共中央马克思恩格斯列宁斯大林著作编译局,译. 北京:人民出版社,1997:28.

刺地指出："正如基督教在天国一律平等，而在人世不平等一样，人民的单个成员在他们的政治世界的天国是平等的，而在人世的存在中，在他们的社会生活中却不平等。"[①]在《1848年11月4日通过的法兰西共和国宪法》中，马克思更是一针见血地指出："宪法的每一条本身都包含有自己的对立面……在一般词句中标榜自由，在附带条件中废除自由。"[②]

在政治批判的过程中，马克思完成了他对于政治解放的构建。首先，马克思充分描述了无产阶级的历史作用，"资产阶级不仅锻造了置自身于死地的武器，它还产生了将要运用这种武器的人——现代工人，即无产者"[③]。把无产阶级政治解放与共产主义理想有机地结合起来，这样，马克思的"政治解放"找到了实现的主体力量和途径。其次，马克思指出了无产阶级政治解放的艰巨性与长期性。第一，无产阶级自身在不断成长之中，从组织发展为政党；第二，在无产阶级成长的过程中，要不断面对资产阶级的干扰；第三，无产阶级内部还会不断产生分化。对此，联合起来的无产者要有充分的心理准备和组织准备。但是，无论如何，历史的车轮不会倒退，政治解放的步伐虽然时快时慢，但资产阶级的灭亡和无产阶级的胜利具有历史的必然性。

（二）人的解放

马克思主义政治自由观的预设目标是全人类的解放，在马克思的思想体系中，人类解放的基本内容就是人类获得自由[④]。马克思主义唯物史观从现实的人出发，以理想的人，也就是自由而全面发展的人为归宿，把努力促进人的自由而全面发展作为创造未来共产主义社会的本质要求，把人的自由和全面发展作为社会发展的最终目标。因此，马克思在他的第一个"自由宣言"也就是他的中学毕业论文《青年在选择职业时的考虑》中表达了这样的主题：虽然人选择职业不能完全随心所欲，但正是这种选择的自由使他区别于动物。一个人不应该由于野心或突然的热情失去理智：重要的是在为人类服务中把握住工作机会，同时避免由于抽象的真

[①] 高哲,温元著.贾建梅.马克思恩格斯要论精选[M].北京:中央编译出版社,2000:35.
[②] 高哲,温元著.贾建梅.马克思恩格斯要论精选[M].北京:中央编译出版社,2000:31.
[③] 马克思,恩格斯.共产党宣言[M].中共中央马克思恩格斯列宁斯大林著作编译局,译.北京:人民出版社,1997:34.
[④] 王沪宁.政治的逻辑:马克思主义政治学原理[M].上海:上海人民出版社,2004:498.

理迷失方向①。"我们的幸福将属于千百万人,我们的事业将默默地,但是永恒发挥作用地存在下去,而面对我们的骨灰,高尚的人们将撒下热泪。"②

马克思把"人的世界"看成人的社会存在,在人的世界中,人是人的最高本质,人的根本就是人本身。而自由是人的本质的复归;争取自由的过程,就是争取人的本质的复归过程,是"人用自己双脚站立"的过程③,也是人的解放的过程。共产主义的目标就是人的解放,实现自由。在1848年发表的《共产党宣言》中,马克思、恩格斯宣布:"代替那存在着阶级和阶级对立的资产阶级旧社会的,将是这样一个联合体,在那里,每个人的自由发展是一切人的自由发展的条件。"④

---

① 麦克莱伦.马克思传:第4版[M].王珍,译.北京:中国人民大学出版社,2008:11.
② 梁雪影.永不熄灭的圣火点燃者 马克思[M].合肥:安徽人民出版社,2001:26.
③ 在《1844年经济学哲学手稿》中,马克思曾经说过这么一段话:任何一个存在物只有当它用自己的双脚站立的时候,才认为自己是独立的,而且只有当它依靠自己而存在的时候,它才是用自己的双脚站立的。见《1844年经济学哲学手稿》(北京:人民出版社,2000:91.)
④ 马克思,恩格斯.共产党宣言[M].中共中央马克思恩格斯列宁斯大林著作编译局,译.北京:人民出版社,1997:50.

第三章

西方自由主义历史流变中的政治自由

自资产阶级革命起的几百年间,自由主义始终是资本主义国家的主流政治思想。随着资本主义的发展,它的基本观点几经调整和改造,在许多方面发生了深刻的变化。但是,无论怎么变化,自由主义从未改变自己的根本立场和理论基础,一直坚持营建以个人主义为核心的理论大厦,以海纳百川、兼容并蓄的多元主义推动理论发展,并以此维护资本主义秩序。

第一节 近现代资产阶级运动变迁中的政治自由

社会存在决定社会意识。近代自由主义的发展与资产阶级运动息息相关,资产阶级的运动可以划分为17—18世纪的资产阶级革命以及19世纪的资产阶级转型。革命意味着"历史进程突然重新开始了,一个全新的故事,一个之前从不为人知、为人所道的故事将要展开"[1]。革命的爆发意味着自由的崛起,"'革命的'一词仅适用于以自由为目的的革命"[2]。"革命即将开创一个全新的时代,甚至在更早的时候,这一点就已经以设定革命历法的方式标示出来,其中,处死国王和宣告成立共和国的那一年被定为元年。"[3]政治自由作为资产阶级革命的理论武器与理论升华,表达了一系列全新的政治理念。在资本主义的近代转型过程中,政治问题的重心由政治自由转向社会自由,经济政策中的自由放任主义被质疑与修正,这种修正虽然没有超出自由主义的范围,却一目了然地显示了自由主义的变革轨迹。

---

[1] 阿伦特.论革命[M].陈周旺,译.南京:译林出版社,2011:17.
[2] 阿伦特.论革命[M].陈周旺,译.南京:译林出版社,2011:18.
[3] 阿伦特.论革命[M].陈周旺,译.南京:译林出版社,2011:18.

一、重新确立政治权力的来源

以古典自由主义大师洛克为代表的一系列思想家对政治权力的合法性进行系统论证。洛克建构权力合法性的途径是推翻"君权神授"论,提出并论证社会契约论。在《政府论》上篇中,洛克重点批判了菲尔麦的君权神授说。洛克通过对亚当权力的分析,首先批判了君权神授说和绝对君主制的理论基础。洛克从家庭中的父权、夫权、继承权开始批判来颠覆整个封建专制王权的理论基础。在洛克看来,家庭是一个简单的社会,同时也是人类最初的社会形式,洛克称之为"夫妻社会"。洛克认为,在夫妻社会中,父母对儿女所具有的权力应该有所限制,他们并不具有对儿女的绝对统治权(即制定法律和处罚其儿女的权力),只具有在儿女未成年期间的管束和教训的权力,以补救他们在管理他们的财产方面的无能和无知,而当儿女成人以后,父权也就宣告结束。这样,封建王权的统治理论的基础——"人生来就隶属于他们的父母"——就被洛克颠覆了,这也就意味着"人生而不自由"的整个专制结构被洛克摧毁,父权不再成为专制王权的基础。在批判夫权的同时,洛克分析了亚当对夏娃的夫权,认为夏娃对亚当的服从仅仅是一种婚姻关系,亚当对夏娃的夫权不能成为政治权力。这样,洛克把父权和夫权限定在婚姻关系上,使父权和夫权同政治权力区分开。对于继承权问题,洛克认为,"上帝的旨意"和"神的规定"并没有具体指定由哪个人来继承。君主的绝对权力不可能是上帝的旨意[①]。所以,在《政府论》下篇,洛克开门见山地指出:"现在世界上的统治者要想从以亚当的个人统辖权和父权为一切权力的根源的说法中得到任何好处,或从中取得丝毫权威,就成为不可能了。"[②]

二、强调个人与社会的融合

古典自由主义将个人置于首要地位,甚至不惜将个人与国家、个人与政府、个人与社会对立起来。然而,随着西方社会政治、经济形势的变化,社会有机体理论的传播和社会学思想的发展,"社会的发现"成为资本主义社会的现实。这是继西方"个人的发现"之后的又一次伟大发现。现代自由主义是这一发现的参与者,他

[①] 孟锐峰.马克思政治哲学对自由主义的超越[M].天津:南开大学出版社,2013:18-19.
[②] 洛克.政府论(下篇):论政府的真正起源、范围和目的[M].叶启芳,瞿菊农,译.北京:商务印书馆,2009:3.

们对个人至上主义提出激烈的批评,呼吁个人与社会的协调发展。D. 里奇曾经说道,任何人如果脱离社会,就成为一种抽象的存在物,在本质上不过是一个逻辑上的"幽灵"和形而上学的"幻影"。因此,个人只有在社会中发展,才能不断完善自己。霍布豪斯也指出:"自由与其说是个人的权利,不如说是社会的必需。"①霍布豪斯继而指出:"个人权利不能同公共利益冲突,任何权利脱离了公共利益就无法存在。"②这就是说,在现实政治场域,每个人都必须重视公共利益,摈弃漠视公共领域的态度,根据公共利益做出自己的判断。

在现代自由主义者看来,社会是一个有机体,社会为个人的自我发展提供机会,是个人实现自我的必要领域,一切个人是这个领域的重要成员,都无一例外地置身于社会之中。他们坚信,"如果没有社会,也就没有个人"③。社会是具有自身生命、意志、目的与意义的有机聚合体,个人是社会的成员。个人与社会相比,在生命、意志、目的、意义上有着显著的区别。从这个意义上看,现代的个人自由已经不仅仅局限于个人的安全和财产方面,更表现为个人行为发展的自由。然而,这种"积极自由"的行使,是不能与社会发展相悖、不得与公共利益相抵触的。为了保证公共利益的实现,个人要服从社会,要履行社会赋予他的义务。

杜威在 1930 年写成的《新旧个人主义》中明确地指出了传统的个人主义由于死抱机会平等的观念越走越远,完全无视由现存经济、法律、政治制度形成的不平等,从而破坏了民主的原意,背离了民主的要旨。旧个人主义必然要发展成为新个人主义,成为现代自由主义的基础。新个人主义渗入了更多的集体主义成分,被调和成了一种新型的个人观。在这一价值观指导下,集体的、社会的、合作的力量得到了最大限度的张扬,成为现代自由主义思想的一个基础性的组成部分。

三、重视政府的积极作用

18 世纪发展起来的自由主义确立了西方国家政治制度上的主要特征:民主、法治、宪政。到了 19 世纪,西方政治思想发生了大变化:虽然自由、民主、个人主义、共和等重要的政治概念没有改变,但其实质性的内容却发生了微妙的变化。自

---

① 霍布豪斯.自由主义[M].朱曾汶,译.北京:商务印书馆,2002:62.
② 霍布豪斯.自由主义[M].朱曾汶,译.北京:商务印书馆,2002:62.
③ Green T H. Prolegomena to ethics[M]. Oxford:Oxford University Press,1883:288.

由主义由早期的政治自由主义发展成为工业自由主义;个人主义演变成为放任主义,但又孕育着新的演变;民主更是被各种各样的人解释得光怪陆离。在19世纪自由主义变化的过程中,托克维尔的民主政治思想具有代表性。托克维尔认为,民主有两种:一种是基于自由的民主,另一种则是扼杀自由的民主。法国革命和美国革命都是以营造民主的社会为目的,可是结果却大为不同。原因就在于,美国的民主是以个人自由为前提,而法国人根本就没有个人自由的意识,所以其民主也就不可避免地发展为"多数的暴政",即在少数服从多数的原则下对社会实行极权统治。而且在他看来,"多数的暴政"比君主专制更为残暴,更具有杀人不见血的本事。原因是,国王的专权顶多只是从肉体上对人民予以惩处,而"多数的暴政"不仅拥有政治权力,而且可以凭着它那自我标榜的真理和道德的化身对全社会实行思想控制,并可使人民怀疑不到它的专制独裁的性质。

以上种种表明了在近代自由主义的发展过程中,最显著的转向体现为其价值理念的现代化跨越:个人自由与社会发展的融合取代了个人自由的至高无上;公民权利外延的不断扩大、内涵的不断丰富取代了单一的生命、自由和财产权;强调国家的积极作用;建立民主程序与民主秩序;弱化阶级矛盾,强调社会和谐。

爆发于1929年的大萧条,成为西方资本主义世界史无前例的经济危机。至1933年,美国经济跌入谷底,以美元衡量的国民收入减少了一半,总产出下降了1/3,失业率史无前例地上升到25%。对美国之外的世界来说,大萧条同样是一场灾难。萧条所到之处,无不导致产出减少、失业率升高,到处都是饥荒和苦难。在德国,经济萧条使希特勒得以篡权,从而导致第二次世界大战的爆发;在日本,经济萧条使军国主义势力增强,他们一心要建立所谓的"大东亚共荣圈"[①]。在思想观念领域,大萧条使各种国家干预主义思潮盛行,人们认为:政府必须扮演更加积极主动的角色;政府必须干预经济,以此来消减无序的私人经营活动所导致的不稳定;政府应当发挥摆轮的作用,促进经济稳定,保障经济安全。[②]

变革中的现代自由主义强调国家作用的发挥。在新的历史时期,国家职能的内容和政府作用的表现是多方面的。择其要者主要是:国家要提高人民的道德水平,实现社会的"共同善";国家要发展资本主义经济,但更要避免和消除自由放任

[①] 米尔顿·弗里德曼,罗丝·弗里德曼.自由选择[M].张琦,译.珍藏版.北京:机械工业出版社,2013:71.
[②] 米尔顿·弗里德曼,罗丝·弗里德曼.自由选择[M].张琦,译.珍藏版.北京:机械工业出版社,2013:71.

所造成的灾难性后果,必须加强对经济的干预;国家要维护人权,扩大公民权利的范围和内容,不断增进社会福利。在现代自由主义思想家中,对于国家作用的认识,鲍桑葵①的理论颇具特色。鲍桑葵指出:"国家的目的就是社会的目的和个人的目的——由意志的基本逻辑所决定的最美好的生活。"②他认为国家的本质是暴力,"作为国家,它使用的手段总会带有暴力的性质"③,暴力是必要的、正当的;暴力是个体力量的延伸,是个体精神的延伸。暴力对整个生活的处理不仅是一个一般水平的普通人力所不及的,而且是一个社会中所有一般水平的普通人的全部力量所不能胜任的。国家的暴力并不只限于由警察镇压和惩罚违法之徒,还应包括在人们的日常生活中树立起权威性和强制力。

在这里,鲍桑葵特别强调国家的积极作用,国家的最终目的是实现最美好的生活。国家的强制作用,就是要在众多的社会成员中实现这种带有普遍性的目的。比如征税,为了做到普遍、公平而富有成效,只能采取强制的办法,任何国家都不可能仅仅靠自愿交纳来进行征税工作。

然而,鲍桑葵又不认为国家仅仅是政治组织,仅仅是全国各方面发展的集合体,包括了从家庭到行业、从行业到教会和大学各方面决定生活的整套组织机构。国家还是这样一个组织:"它塑造了我们的世界。"④鲍桑葵把国家看作是一个有生命的政治概念,是指导每一个国民,使之能够履行其职责的有机的政治共同体。鲍桑葵曾经这样概括国家:"为维护人类个性的存在与完善所必不可少的物质条件所确实需要的东西。"⑤他主张,美好生活的实现、"道德世界"的繁荣都离不开国家的强力保障,要捍卫国家的积极作用。

值得一提的是,鲍桑葵在关注国家积极作用发挥的同时,也看到国家作用的消极一面。他认为,国家行为不会在直接促进精神目的方面产生效果,国家干预的是外部事务,国家不能促进灵魂的高尚,不会促进内在精神的辉煌。鲍桑葵指出:"国

---

① 伯纳德·鲍桑葵(1848—1923),英国哲学家、政治理论家和社会学家。他的主张被认为是一种"国家至上论",但他并不推崇极权主义。
② 鲍桑葵.关于国家的哲学理论[M].汪淑钧,译.北京:商务印书馆,2010:191.
③ 鲍桑葵.关于国家的哲学理论[M].汪淑钧,译.北京:商务印书馆,2010:191.
④ 鲍桑葵.关于国家的哲学理论[M].汪淑钧,译.北京:商务印书馆,2010:205.
⑤ 鲍桑葵.关于国家的哲学理论[M].汪淑钧,译.北京:商务印书馆,2010:206.

家只能保证'外部'的行动。"①过分的国家干预丧失有机体的活力,破坏国家与个人之间的平衡。"只要暴力起了作用,无论什么行动受到强制都是背离高尚的生活的。"②鲍桑葵的思想告诫后人,在社会改革中不要操之过急,国家干预一定要有限度。

霍布豪斯也重视国家积极作用的发挥。他指出:"国家的职责是为头脑和个性创造能据以发展的条件。"③"单单让个人在市场的讨价还价中尽力挣到工资不算尽到责任的。"④国家要更广泛地干预政治、经济、教育等活动,为公民提供广泛的公共福利,这是自由的社会有机性所决定的。为此,霍布豪斯反复强调自由与限制的关系:"普遍自由的第一个条件是一定程度的普遍限制。"⑤这就是说,来自国家与社会的良性限制有利于社会条件的改善和公共福利的增多,有利于个人获得更大的自由。

四、尊崇现代民主政治

现代自由主义者普遍要求保护和扩大公民权利,为社会大众提供更多的社会福利。鲍桑葵明确提出普及公民政治权利的主张,因为国家政治体系的建立要依赖于每位公民的真诚努力。霍布豪斯也指出,国家在公民权利的保障上,重要的是使成人和妇女获得选举权,为此,霍布豪斯在谈到社会自由时指出两个要点:第一,争取自由的斗争就是争取平等的斗争;第二,团体成员身份不应靠任何继承资格,也不应为获得这种身份设置任何"人为"困难。同时,性别限制和阶级限制相同,不应有这种人为限制,要"为妇女开辟道路"⑥。霍布森也表明了他对扩大选举权的积极态度。他特别强调,公民选举权利是社会进步的重要标准,选举权的扩大是社会发展的必然要求。个人自由中的重要内容是个人不受干预地参加社会生活,自由权利中的重要方面是公民对社会生活的普遍参与权利。因此,要保证所有的公民都实现对选举权利的享有,即使是妇女也不应例外。

---

① 鲍桑葵.关于国家的哲学理论[M].汪淑钧,译.北京:商务印书馆,2010:192.
② 鲍桑葵.关于国家的哲学理论[M].汪淑钧,译.北京:商务印书馆,2010:196.
③ 霍布豪斯.自由主义[M].朱曾汶,译.北京:商务印书馆,2012:80.
④ 霍布豪斯.自由主义[M].朱曾汶,译.北京:商务印书馆,2012:88.
⑤ 霍布豪斯.自由主义[M].朱曾汶,译.北京:商务印书馆,2002:9.
⑥ 霍布豪斯.自由主义[M].朱曾汶,译.北京:商务印书馆,2002:14-15.

作为20世纪民主制度的早期倡导者之一——布赖斯接受了多数主义的民主。但他对民主政治的研究却因他采用实证的、比较归纳的"比较研究法"而独树一帜。布赖斯足迹遍及欧洲、北美洲、南美洲、大洋洲、非洲,对他认为的典型的现代民主政体的国家,如法国、瑞士、美国、加拿大、澳大利亚、新西兰六国格外关注。他认为,对现代民主政体的了解,绝不能局限于个别国家,"不可把一二国所特有的事实假定为其余各国所共有的,更应当免除一切成见;遇有不同的事实须探索它的根源;凡一切问题未曾追迹到通共的根源以前,决不可视为普遍充实的原则,那种根源是存在于人性的倾向中的"[①]。他认为,政治学之所以具有科学性,就在于它是以人类天性的倾向作为永久的研究基础的。然而,尽管人类天性的根本要素无处不在,但是由于不同国家种族、血统、自然环境等方面的差异,人类天性会受到限制、有所变化,这就必须尽可能地对不同状况的国家进行考察、研究和比较。

布赖斯把自由原则和平等原则看作民主政体的理论基础。依照他的观点,自由和平等是民主社会不可缺少的重要条件,也是政府追求的目标。他说:"凡一个社会中,最大多数的分子如能依平等的资格,有平等的权力而参与政治,其于个人的利益,及全体的幸福一定有最好的成效;这种结果确是政府存在的主要目的,所以人民自治的政府是人类的经验所赞许的。"[②]

布赖斯把自由划分为公民的自由(人民的身体及财产不受裁制)、信仰的自由(宗教的思想及信仰的形式不受裁制)、政治的自由(人民参与政治的权利)和个人的自由(个人行为如果未对公共福利产生显著影响,不受裁制)。公民的自由有赖于政治自由的保护,信仰自由也由于政治自由的存在而存在。个人自由则与政治自由相背离,个人自由要脱离法律的制裁,政治自由则要参与法律的制裁。民治政体应该培育个人自由,"因为国家中个人的自由是和空气中的氧气一样,同是保持生命的补剂。个人的自由如果衰萎了,政治的自由亦必随之凋落,民治政体也就站不住了"[③]。

在对平等问题的认识上,布赖斯将平等分为四类:公民的平等(法律面前国民平等)、政治的平等(人们平等参与政治的权利)、社会的平等(狭义是指一个社会内在法律上或习惯上没有明显的阶级差别,广义是说社会成员间没有门第和财产的

---

① 布赖斯.现代民治政体:上册[M].张慰慈,等译.长春:吉林人民出版社,2001:9.
② 布赖斯.现代民治政体:上册[M].张慰慈,等译.长春:吉林人民出版社,2001:47.
③ 布赖斯.现代民治政体:上册[M].张慰慈,等译.长春:吉林人民出版社,2001:61.

成见)、自然的平等(人们生来在身心上平等)。社会的发展是从自然的不平等向政治平等,再向社会平等逐渐演进的过程,因此"自然平等的思想和自然不平等的事实"是引发社会冲突的基本原因。

布赖斯承认,民主政体也有很多的不足。它未能使各民族国家和睦相处,未能消除阶级战争和制止革命,未能纯洁政治、根除腐败,等等。因此,对民主政体所能实现的目标不要期望过高。当然,人们还是尊崇民主政体的,因为除此之外,很难再有其他更好的选择。

五、力促社会和谐

现代自由主义在提出社会有机体思想,主张个人与社会相融合时,强调社会和谐,重视避免暴力、免除斗争的社会改良。在霍布豪斯的思想中,"和谐"居于重要地位,霍布豪斯在表达社会理论与社会条件之间的关系时不吝表达他的"和谐"思想。

霍布豪斯从"天赋和谐"出发,指出:个人与社会之间有一种天然的和谐,这种天然和谐来自利益的天然和谐。霍布豪斯指出:"每个人都受本身利益的指导,但是利益会带领他沿着最高的生产力路线前进。如果一些人为的障碍被除去,他会找到最适合他的能力的职业,他从事这项职业效益最高,对社会来说也最宝贵。"[①]这种天然的和谐不需要政府的"干涉","个人自己把竞赛进行到底"[②]。这种天赋和谐以天赋权利为基础。在这里,霍布豪斯一方面指出了社会生活的本真状态是和谐,另一方面又用政府积极干预下的和谐推翻了这种原始的"天赋和谐"。

那么,霍布豪斯提倡的社会和谐的基础是什么呢?"理性"。"向和谐迈进是理性的人持久不变的冲动,即使这个目标永远也达不到。"[③]在霍布豪斯看来,和谐与理性的善相关联。在以往的社会发展过程中,以理性为基础的和谐减少了社会的冲突和危机,维持了自身的稳定,向其成员输出了环境优良的政治共同体。因此,霍布豪斯指出:"自由的统治正在于运用理性的方法。它是向理智、想象、社会感情的要求敞开大门;除非顺应这种要求,社会就难以进步。"[④]为此,霍布豪斯进一步

---

① 霍布豪斯.自由主义[M].朱曾汶,译.北京:商务印书馆,2002:29.
② 霍布豪斯.自由主义[M].朱曾汶,译.北京:商务印书馆,2002:29.
③ 霍布豪斯.自由主义[M].朱曾汶,译.北京:商务印书馆,2002:65.
④ 霍布豪斯.自由主义[M].朱曾汶,译.北京:商务印书馆,2002:62.

指出:使社会成为一个活的整体的条件便是促使每个人发展的各种因素的和谐的相互作用和反应。和谐需要人们以极大的热情去维护和争取。

从社会和谐的主张出发,霍布豪斯坚决维护西方民主制度。他对帝国主义的掠夺行为和垄断现象也持坚决的反对态度。此外,霍布豪斯对费边社会主义、马克思主义也给予批判。他把费边社会主义和第一次世界大战前英国工党和工会领袖们的理论一概称为"官方社会主义。"他认为这种官方的社会主义理论促进了官僚政治的发展,支持了家长式的统治,蔑视普通民众的自由民主权利,忽视了民众的巨大力量。霍布豪斯认为马克思主义的阶级斗争学说不可取,他反对马克思主义理论,把马克思主义的共产主义理想视作一种遥不可及的乌托邦。

霍布豪斯试图把自由主义的民主与社会主义糅合起来,建立一种中立的、自由主义式的民主社会主义,进而实现社会和谐。然而,他的蓝图却始终是模糊不清的。尽管第一次世界大战埋葬了霍布豪斯的社会和谐理想,却始终未能阻挡他晚年对自由主义的民主社会主义的孜孜追求。

第二节 当代自由主义流派对话中的政治自由

"二战"以后,逡巡于功利主义与直觉主义两端的自由主义因其理论贫困以及现实危机而身陷僵局,并由此引发了以社群主义为代表的流派对自由主义的理论基础和价值导向的全方面质疑。

一、政府地位与作用的再思考

在战后反对政府干预主义的阵营中,米尔顿·弗里德曼、哈耶克、诺齐克和布坎南等"自由至上主义"派是主力和先锋,米尔顿·弗里德曼在《自由选择》一书中,讲了一些笑话以及具体的事例讽喻政府的无能:目前在美国安装一只灯泡需要几个人?答案是需要五个人。一个人安灯泡,另外四个人填写环境影响评测表和职业安全卫生管理局要求的各种表格。[①]"在美国,环境保护局的一名打字员上班一贯迟到,1975 年 1 月,他的上司要求将他解雇。而整个程序历时 19 个月,如果把全

---

① 米尔顿·弗里德曼,罗丝·弗里德曼.自由选择[M].张琦,译.珍藏版.北京:机械工业出版社,2013:248-249.

部步骤记录下来,足有21英尺长。为了满足所有规章制度的要求,满足所有劳资协议上的要求,缺少哪一步骤都不行。"①弗里德曼据此提出"市场万能论"。"新守夜人政府"或曰"小政府,大社会"是他们是对政府作用和地位的再思考。

(一) 新自由主义政府观

从主要内容来看,新自由主义政府观的核心是探讨政府在致力于自由和主要依赖市场组织经济活动的社会中应起的作用,力图从政府的有利之处取得好处而同时又能回避对自由的威胁②。现代货币主义理论创始人米尔顿·弗里德曼把政府定位为"规则制定者和裁判员",并从宪法体现的两大基本原则阐述限制政府职能、分散权力的重要性及办法,"文明的巨大进展从来没有来自集权的政府"③。"通过政府我们提供了法律和秩序的维护,以便防止一人受到另一人的强制行为,提供了自愿参与的合同的强制执行,提供了财产权的意义定义,提供了对这种权利解释和强制执行的办法以及提供了货币机构。"④供给学派指出,政府如果管得过多,容易加重企业负担,提高产品成本。另外,企业为了遵守政府制定的各种法律条例,不得不缩减研究开支和生产性投资,挫伤了企业的创新精神和风险投资积极性,造成生产率增长停滞⑤。

从理论目标来看,新自由主义政府观有两大主要任务:其一,通过反对"福利国家",提倡"市场原教旨主义",论证资本主义制度和秩序的合理性,恢复民众对资本主义的信心;二是阻击社会主义的影响,攻击共产主义制度,反对马克思主义思想。新自由主义在意识形态领域吹响了攻击社会主义的号角。哈耶克在《通往奴役之路》一书中以自由主义的个人主义原则否定集体主义,认为集体主义通过计划经济的形式成为实现社会主义的手段,集体主义与民主、法治、道德都格格不入,其结果是对思想的控制,民族主义、阶级主义的产生以及极权主义的盛行。哈耶克指出:"我们逐渐放弃了经济事务中的自由,而离开这种自由,就绝不会存在以往的那种个人的和政治的自由。尽管我们受到德·托克维尔和阿克顿勋爵这些伟大的19

---

① 米尔顿·弗里德曼,罗丝·弗里德曼.自由选择[M].张琦,译.珍藏版.北京:机械工业出版社,2013:250.
② 弗里德曼.资本主义与自由[M].张瑞玉,译.北京:商务印书馆,2004:5.
③ 弗里德曼.资本主义与自由[M].张瑞玉,译.北京:商务印书馆,2004:6.
④ 弗里德曼.资本主义与自由[M].张瑞玉,译.北京:商务印书馆,2004:32.
⑤ 张才国.新自由主义意识形态[M].北京:中央编译出版社,2007:128.

世纪思想家的警告,即社会主义意味着奴役,但我们仍沿着社会主义方向稳步前进。"①"社会主义从一开始便直截了当地具有独裁主义性质。"②

从价值诉求来看,新自由主义政府观强调自由优于平等的重要性。应该说,平等是国家干预主义反驳自由至上主义的"杀手锏"。新自由主义承认市场化和私有化必然会造成个人收入的不均,因此也有必要缩小收入差距,实现社会平等。但是,新自由主义倡导的平等是在确保自由或者说增进自由基础上的平等,反对通过行政强制力量来进行以平等为目的的收入分配。哈耶克指出:"不平等随时都存在,而这在那遭受不平等待遇的人看来,是不公平的;失望总是有的,而这在那些遭受失望的人看来,是不当的;不幸的打击总是有的,而在那些遭受这些打击的人们看来,是不应有的。但当这些事情发生在一个有意识的指导之下的社会时,人们的反应,与当这些事情并不是出于任何人的有意识的选择时的反应,是大不相同的。"③在哈耶克的思想里,人类天生就是不平等的,市场秩序下产生的收入差距是可以顺其自然的,所谓平等就是"机会均等","机会均等"为"自由竞争"提供了必要的条件,机会均等所造成的结果不等可通过市场自行调节完成,反对任何外在力量的干预。米尔顿·弗里德曼从通常的结果平等和机会均等的区分出发,指出:如果说机会均等有利于增大自由,那么,结果平等必然减少自由,与自由的理想根本冲突。一个社会把平等——即结果平等——放在自由之上,其结果是既得不到平等,也得不到自由。相反,一个把自由放在首位的国家,最终作为可喜的副产品,将得到更大的自由和更大的平等。"自由意味着多样化,也意味着流动性。它为今日的落伍者保留明日变成特权者的机会,而且在这一过程中,使从上到下的几乎每一个人都享有更为圆满和富余的生活。"④

可见,新自由主义政府观的"新"主要体现为其"小政府,大社会"的经济和政治理论范式的转变。当前,新自由主义政府观成为西方资本主义国家实施全球意识形态战略的重要组成部分。例如哈耶克敌视社会主义,义正词严地指出社会主义是一个致命的错误,要拯救人类必须驳倒社会主义,试图把社会主义扫进历史的垃

---

① 哈耶克.通往奴役之路[M].王明毅,冯兴元,等译.修订版.北京:中国社会科学出版社,2013:20.
② 哈耶克.通往奴役之路[M].王明毅,冯兴元,等译.修订版.北京:中国社会科学出版社,2013:50.
③ 哈耶克.通往奴役之路[M].王明毅,冯兴元,等译.修订版.北京:中国社会科学出版社,2013:102-103.
④ 米尔顿·弗里德曼,罗丝·弗里德曼.自由选择[M].张琦,译.珍藏版.北京:商务印书馆,2013:152.

垃圾堆,维护西方文明的核心价值。供给学派与货币学派尽管意识形态性比较隐蔽,但其高呼自由经济,为垄断资产阶级利益服务的意图可见一斑。2006年12月23日美国共产党《人民周刊》经济专栏刊登了美国共产党经济委员会成员瓦迪·哈拉比的文章《米尔顿·弗里德曼:太迟了!》,指出:"它无视垄断和大量投机的存在,高喊自由市场,其本质是为金融垄断资本的自由扩张服务。"①

(二) 风险社会的到来

当前,国际金融危机表现出来的不可预测性、不可感知性、传播速度快、破坏性强等特点非常符合风险社会的特征,因而主张"小政府,大社会"的新自由主义无法应对金融危机是在意料之中。新自由主义与风险社会关系密切,从某种程度上看,新自由主义本身就是风险社会的代名词。风险社会理论的创始人贝克指出:"在整个20世纪80年代强行推行的自由市场经济导致环境风险和问题恶化的程度,一点不亚于莫斯科的中央计划经济。事实上,自由市场经济意识形态已经增加了人类的不幸。如今一些重要的自由贸易条约,如 WTO 和北美自由贸易协定(NAFTA)的背后,在最富的国家中,消费几乎失去控制。根据联合国的统计,在不到25年的时间里,最富的国家的消费已经增加了6倍。占人口20%的最富有者正在消费比他们的父辈大约多6倍以上的食物、能源、水、运输、石油和矿产。"②在谈到风险社会与新自由主义的关系时,贝克指出:"当全方位的风险和灾难正在日益逼近的时候,为了解决全球化所带来的各种问题,面对新自由主义理论本身所导致的这一灾难性结局,新自由主义甚至采取令人痛苦的更为激进的经济疗法,通过增加'药物'剂量来加大经济治疗力度,可是根据这种到目前为止才刚刚开始为之付出沉重代价的虚幻的理论所采取的补救方式甚至会使全球性的危机和灾难来得更加猛烈。"③可见,新自由主义政府观不仅无法适应风险社会的要求,而且其本身就是制造风险的罪魁祸首,可以说,新自由主义政府观是导致国际金融危机的直接诱因。

20世纪70年代,特别是1974—1975年的经济危机使得西方资本主义经济发

---

① 张才国.新自由主义意识形态[M].北京:中央编译出版社,2007:128.
② 贝克.世界风险社会[M].吴英姿,孙淑敏,译.南京:南京大学出版社,2004:7.
③ 贝克.9·11事件后的全球风险社会[M]//薛晓源,周战超.全球化与风险社会.王武龙,译.北京:社会科学文献出版社,2005:397-398.

展处于"滞胀"窘境,凯恩斯主义无能为力,新自由主义趁机而入,成为主导资本主义世界经济发展的主要形式。新自由主义的主导使得美国经济开始复苏,同时出现了一系列的资产泡沫,伴随着出现了相应的金融问题。解除金融管制是新自由主义的资本主义的一个重要特征,也是当前美国金融危机的直接原因。由于缺乏监管,美国的银行及其他金融机构就可以自由地甚至"不负责任"地追逐最大利润,马克思曾经一针见血地指出:"一旦有适当的利润,资本就胆大起来。如果有10%的利润,它就保证到处被使用;有20%的利润,它就活跃起来;有50%的利润,它就铤而走险;为了100%的利润,它就敢践踏一切人间法律;有了300%的利润,它就敢犯任何罪行,甚至冒绞首的危险。"[①]对利润的贪婪使得越来越多的金融机构从事投机性业务,形成了空前的虚假繁荣,为金融危机的爆发埋下隐患。此外,对"福利国家"的漠视使得工人和工会在与资本的博弈中处于弱势地位,工人实际购买能力普遍下降,贫富分化严重。据统计,2005年,美国最富有的0.1%的人口只有30万,他们的收入与最穷的50%的人口的总收入是相当的,而最穷的50%的人口有1.5亿[②]。贫富分化带来的问题是,谁来购买不断增加的产出? 当市场利率不断下降、房产价格不断上升时,美国工薪家庭通过抵押房屋,利用一次比一次更优惠的还贷所产生的差额维持其原有生活水平。但是,当利息不断下降,房产市场疲软,次贷消费者因无力偿还债务而无奈违约,导致次贷市场濒临崩溃,而国家无法干预或者干预不力甚至滞后时,爆发了危机。

笔者认为:新自由主义政府观无法适应风险社会的要求是导致金融危机的重要原因,但是,国际金融危机的根本原因来自资本主义本身所无法克服的基本矛盾。学习、运用马克思主义的理论、观点是我们认识、应对、反思这场国际金融危机的基本立场和根本方法。

(三) 新自由主义政府观的理论困境

新自由主义并没有带来快速的经济增长,没有消除贫困,也没有使经济更稳定。事实上,在新自由主义霸权盛行的这些年里,世界经济与政治的发展呈现出如下态势:其一是经济增长放慢,贫困增加,经济与金融危机成为新自由主义的流行

---

① 马克思.资本论:第1卷[M].中共中央马克思恩格斯列宁斯大林著作编译局,译.北京:人民出版社,2004:829.
② 余永定.美国次贷危机:背景、原因与发展[J].当代亚太,2008(5):14-32.

病。其二是新自由主义所标榜的自由、民主、人权在一些国家已经完全走向了它的对立面——独裁、霸道与反民主。因而这样的自由绝不是什么"好的自由",而是一种到处指手画脚、横行霸道的"坏的自由"。

新自由主义之后是新自由主义,还是新凯恩斯主义?笔者认为,政府积极有为是应对风险社会和抗击国际金融危机的根本之道。面对风险社会和金融危机,一方面我们主张政府干预,另一方面我们又担心政府干预过度——"利维坦"干预危机是政府的本能和职责,我们固然担心。但为谁干预——也就是干预危机的目的则决定了危机干预的成效。资本主义对危机干预的本质是服务于资产阶级的总体利益,其主要目的是获取更多的资本利润,它是服务于资本主义的生产目的。资产阶级将会努力寻求缓解危机的办法——通过增加剥削和掠夺。因此,资产阶级将会加强其暴行,进一步加强国家对经济政治的干预,把危机的后果转嫁到工人阶级和人民大众身上,从而使其能够维持资本积累和资本集中的进程。他们将加快劳动力市场的非管制化进程,攻击工会同资方签订集体合同的权利,力图取消人民的民主权利甚至是形式上的民主权利,扩大战争政策,并巩固第三世界国家的依附性和从属地位。很显然,对危机的干预同时为资本主义的全面危机埋下了伏笔。因此,伴随着资本主义的危机干预,反全球化运动和反战运动、反资本主义运动高涨:在德国,2010年钢铁工人罢工,2011年铁路工人罢工,2012年法兰克福机场工人罢工;在葡萄牙,2011年运输工人举行大罢工;在希腊,2010年至今爆发了多次行业性和全国性罢工;在西班牙,2012年两大工会发动24小时全国大罢工;2011年发生了被美国学者沃勒斯坦称为"1968年起义以来在美国发生的最重要的政治事件"的"占领华尔街"运动。资本主义经济调节的手段逐渐失效,陷入政治合法性困境,国家面临着意识形态危机,更大的社会风暴可能还在酝酿中。因此,资本主义国家的政府积极有为仅仅是他们暂时稳定工人阶级、缓和阶级矛盾,继续谋求资产阶级最大利益的手段,而非消弭国际金融危机的根本办法。

事实上,如果仅仅从对危机的干预和管理来理解资本主义发展的困境是完全不够的,资本主义发展过程中的进步性和局限性已经通过几百年的工业化进程淋漓尽致地展现了出来。毋庸置疑,西方近代资本主义诞生及其工业化对于推动人类历史的发展产生过极大的推动作用,但是,受制于资本主义生产资料的私有制,资本主义的发展总是会走向尽头,马克思主义取代新自由主义、无产阶级推翻资产阶级、社会主义战胜资本主义是人类历史发展的铁的规律,科学社会主义必将在后危机时代写下浓墨重彩的辉煌篇章①。

二、正义原则的重新构建

20世纪70年代以来,随着资本主义社会经济滑坡、道德沦丧、弊病众生,自由主义者开始反思"福利国家"模式下的市场、政府和个人的关系:正义是应该基于功利,还是应该尊重个人权利要求,成为独立于功利考量之外的基础?由此,自由主义内部逐渐划分为坚持权利取向的激进派与坚持道德取向的平等派,呼应着美国政治中市场经济的捍卫者和福利国家的拥护者。

(一)权利优于善

20世纪六七十年代以来,随着资本主义社会出现的"滞涨",现代自由主义开始对"福利国家"模式下的政府、市场和个人的关系进行系统反思,并由此,自由主义内部分流,逐渐出现了两大派别——坚持道德的平等派和坚持权利的激进派,分别代表着西方政治的两种趋势——拥护福利国家与捍卫市场经济。拥护权利的自由主义者们对于拥有的具体权利有着不同解释,但一致的观点是:规定着人们权利的正义原则不应依赖于任何善生活观念。这一思想被概括为权利优于善②,同时遭到了"共同体主义"③的挑战④。

权利与善的优先性问题可以追溯到古典自由主义的"目的论"和"道义论"之争。目的论自由主义的代表性人物是19世纪中后期的约翰·斯图亚特·密尔,密尔既继承了古典自由主义的"警察国家"、个人自由与有限政府的资本主义思想,也提出了政府干预的适度性、个人自由的相对性思想,成为跨越古典自由主义与现代自由主义的桥梁⑤。密尔的主要观点是:任何人的行为,如果只涉及本人,那么其独立性在权利上是绝对和至上的;但是,如果涉及社会总体,必须以功利主义为基

---

① 施晓花,李淼.自由主义的理论困境及现实危机[J].北京工业大学学报(社会科学版),2013(3):39-43.
② 桑德尔.自由主义与正义的局限[M].万俊人,等译.南京:译林出版社,2001:41.
③ 按照迈克尔·J.桑德尔的描述:共同体主义对于权利优先性的挑战的问题不在于权利应不应该得到尊重,而在于权利能不能以一种不以任何善观念为先决前提的方式,而得到人们的认同和正当合理性的证明。
④ 密尔.论自由[M].北京:商务印书馆,1982:10.
⑤ 桑德尔.自由主义与正义的局限[M].万俊人,等译.南京:译林出版社,2001:224-225.

础。以康德为代表的道义论者极力反驳这种观点。康德指出:权利是一个既定的优先和独立于善的道德范畴。社会中的每一个人都有他自己的利益、目的以及善观念,当社会为那些本身不预设任何善观念的原则所支配时,就能得到最好的安排;这些规导性原则之所以是正当的、合理的,并不是因为它们能使社会福利最大化,而是因为它们符合权利观念。康德进一步指出:功利主义的基础并不可靠,即便幸福的欲望为人们普遍分享,它也不能作为道德法则的基础。

权利与善的优先性问题构成了目的论与道义论的争论内核,也成为权利政治学与公益政治学的分水岭。以罗尔斯为代表的自由主义者继承了康德主义的传统,捍卫着权利对善的优先性。罗尔斯指出:我们是自由而独立的自我,不受各种先定道德联系的约束,能够为我们自己选择我们的目的。如果将权利建立在某种善概念的基础上,将会把某种他人的价值强加在个人权利之上,从而无法尊重每一个人有能力选择他或者她自己目的之权利[①]。在这方面,麦金太尔独树一帜,他从历史学和语言学的角度指出:个人权利是以某种具体的社会规则和社会条件为前提,而这种社会规则和社会条件只存在于特定的历史时期和特定的社会环境之中,脱离了历史际遇和社会环境的权利,纯属子虚乌有。[②]

(二)"分配正义"观照下的政治自由

功利论与目的论的争论不休。功利论者指出:最大多数人的最大幸福是评判现实政治法律制度以及政府作为的基本标准;目的论者则认为:功利论的思路容易导向社会或多数人合法侵犯少数人的正当权利。目的论坚持权利优先于善的义务论伦理观,其代表人物约翰·罗尔斯[③]认为正义是社会的首要价值。罗尔斯分配正义的思想核心是为社会基本结构的设计设置合理的标准和基本的原则——正义原则。正义原则面向的客体是分配问题。罗尔斯认为,社会基本结构主要是用来分配公民的基本权利和义务,划分由社会合作所产生的利益和负担的主要制度。正义问题的实质是分配的公正问题。

分配正义可以参照三个方面的因素来解释:分配的主体、分配的内容、分配的

[①] 桑德尔.自由主义与正义的局限[M].万俊人,等译.南京:译林出版社,2001:6.
[②] 王彩波.个人权利与社会正义:当代西方政治学名著导论[M].北京:中国社会科学出版社,2007:193.
[③] 约翰·罗尔斯(1921—2002),美国著名哲学家、伦理学家。1943年毕业于普林斯顿大学,相继在普林斯顿大学、康奈尔大学、麻省理工学院和哈佛大学任教。代表作有《正义论》《政治自由主义》等。

结果是否符合正义的价值诉求。"分配正义"视角下的政治自由问题实质上就是分配的主体享有多少的权益去影响分配的结果问题。这里涉及的问题是：谁有资格、有权利充当分配的主体？分配主体能均等地享有权益？

罗尔斯在其正义理论中，设计了一个纯粹假设的原初状态——无知之幕：首先，没有人知道他在社会中的地位、他的阶级出身，他也不知道他的天生资质和自然能力的程度；其次，也没有人知道他的善的观念、他的合理生活计划的特殊性，甚至也不知道他的心理特征；最后，各方不知道这一社会的经济或政治状况，或它能达到的文明和文化水平[1]。按照这种设计，原初状态中的每个人都有资格去充当分配的主体。同时，罗尔斯的分配正义思想带有明显的平均主义倾向。"所有的社会基本善——自由和机会、收入和财富及自尊的基础——都应被平等地分配，除非对一些或所有社会基本善的一种不平等分配有利于最不利者。"[2]

罗尔斯认为，对每一个公民来说，作为权利的各种基本自由都应该是平等的，并且组成一个有机体。其中，一种自由价值的实现有赖于对其他自由的规定，各种自由互相依存、互相制约。几种自由的最佳安排依赖于它们所服从的总体约束，依赖于各种自由结合为一个规定着它们的整体方式。当平等的自由被运用到政治实践中，平等的自由原则则转化为参与原则。参与原则要求所有的公民都应有平等的权利来参与制定公民将要服从的法律的立宪过程和决定其结果。立宪政府的职能之一就是要保证政治自由的公平价值。

罗尔斯对正义原则的探讨的目的是希望人与人之间达到一种事实上的平等，而且为了这种事实上的平等，还要打破形式的平等，即对先天不利者和先天有利者使用形式上不同等的尺度。罗尔斯论述的政治正义的根本要素，即权利优先性理念有两层含义："首先，权利的优先性意味着（在其普遍意义上），已使用的善理念必须是政治的理念，以至我们无需仰赖于完备性善观念。其次，权利的优先性意味着（在其特殊意义上），正义原则给那些可允许的生活方式设定了各种界限，即它使公民对各种僭越这些界限的目的和追求成为毫无价值的事情。权利优先性使正义原则在公民的慎思中具有一种严格的先在性，并限制着他们推进某些生活方式的

---

[1] 罗尔斯.正义论[M].何怀宏,何包钢,廖申白,译.北京:中国社会科学出版社,1988:136.
[2] 罗尔斯.正义论[M].何怀宏,何包钢,廖申白,译.北京:中国社会科学出版社,1988:292.

自由。"①

　　罗尔斯的分配正义思想遭到了诺齐克的批判。诺齐克指出：罗尔斯的分配正义问题是由社会合作带来的，但是没有社会合作仍然存在正义问题。如在不合作状态中某人伤了别人的东西，在这里谁对那些东西拥有权利是非常清楚的，所以这正是可以运用正确的正义原则即权利原则的地方。不过，即使在合作状态中，只要每个人依据自己的权利自愿进行交换，就能自动实现正义的分配，而无需明确分离和鉴别共同产品中每个人的贡献，也不需要什么另外的分配模式和原则。因为只要通过自愿交换，每个人就能达到一种大致得到自己边际贡献的效果。另外，在普遍的合作体系中，才智较低者一般比才智较高者从对方得利更大，所以根本不需要通过差别原则使他们得到更大利益；否则，将挫伤才智较高者与才智较低者合作的积极性。

　　诺齐克同罗尔斯之争，主要就是自由和平等之争，他们两人的争论之所以影响深刻，主要是因为他们触及了现实生活中的重大问题，并分别代表了当代两个主要思潮。其中罗尔斯代表了日益趋向平等主义的新自由主义或激进自由主义，而诺齐克则代表了保守自由派对这种平等主义的抵制，及要求回归传统自由主义的呼声。

　　以上种种表明，伴随着西方社会的发展，自由主义在内外互动的过程中发生了许多变化：比如，在对待个人与社会的关系上，古典自由主义奉行个人优先，现代自由主义主张个人与社会的融合；在对待自由与其他价值的关系上，古典自由主义奉行自由至上，现代自由主义力求自由与平等、民主的价值兼容，并主张个人自由与公共利益的统一；在对待权利方面，古典自由主义视生命、自由和财产为天然权利，现代自由主义强调不断扩展公民权利的范围；在对待民主方面，古典自由主义推行代议制民主，现代自由主义更强调法治对民主保障；在对待国家的态度上，古典自由主义以契约为基础，主张国家消极无为，建立"警察国家"，现代自由主义主张重视国家的积极作用，建设一个美好的福利国家；等等。自由主义的理论一直在发展，但是，理论在发展的过程中呈现出了规律性的历史局限性。

　　在西方社会实践的过程中，自由主义既成就了西方社会的繁华，也导致了西方

---

① 罗尔斯.正义论[M].何怀宏,何包钢,廖申白,译.北京:中国社会科学出版社,1988:136.

世界在发展过程中出现的种种社会危机。这种理论与实践的冲突说明了自由主义理论已经无法满足西方社会实践发展的需要。这种理论局限性在于理论本身建构的基础和诉求,在于理论本身的经济基础,在于理论本身的阶级立场,在于理论本身对于生产关系调适的天然局限性。自由主义理论的发展受制于资本主义时代的局限性,从古典自由主义到现代自由主义以及新自由主义,这种"头痛医头,脚痛医脚"的修修补补,始终无法唤起自由主义持久的生命力。要化解资本主义社会的重重危机,必然要从生产关系的彻底变革入手,但这种变革还需要持久、漫长的等待、酝酿和斗争,因为资本主义一息尚存,社会主义取代资本主义需要一个过程[①]。

---

① 施晓花,李森.自由主义的理论困境及现实危机[J].北京工业大学学报(社会科学版),2013(3):39-43.

第四章

中国传统政治生态进化中的政治自由

在历史上,中西方政治哲学走上了不同的发展道路,与自由主义框架内的政治自由理论发展的成熟相比,中国传统政治生态进化中的政治自由则起步较晚,显示出相对的孱弱。明晓中国传统政治自由观的生成环境与特点,对于我们当前建设社会主义政治自由具有重要的借鉴价值。

第一节　中国传统政治的特点分析

一、中西方政治哲学的不同特点

中西方政治哲学大相径庭。首先,从整体上看,西方政治哲学经历了一个从原始的人文主义到中世纪的基督教神学政治论,再到近代人文主义复兴的发展过程,近代人文主义精神孕育了近代平等、自由、民主和法治等价值理念,促成了西方近代自由主义的诞生和发展,推动了资本主义经济的发展;中国传统政治哲学的一个重要特点就是人文主义与专制主义的紧密结合。中国传统政治思想从其诞生的那一天起,就走上了人文主义的发展道路:荀子提出"君者,舟也;庶人者,水也。水则载舟,水则覆舟"。然而,尽管中国传统政治哲学孕育了人文主义精神,但是由于其并不具有反君主专制的特征,思想家们在论证了人的重要性的同时,也论证了君主和君主专制对于人类社会的重要性,因此也不可能发生"文艺复兴"和"宗教改革"。其次,中国传统政治哲学没有个体的规范,只有公共的概念,用整体的观念理解国家是古代中国人一以贯之的思想传统。中国思想史上,人们所认识到的人,大多是一个集合的概念,诸如君、臣、民等,在绝大多数情况下,所指的都不是个体的人,这些概念包括了现实生活中的每一个人,但是并不特指现实生活中任何具体的个人。

例如,孟子也说:"民为贵,社稷次之,君为轻。"①这些表述是说民众的利益至高无上,而非每个人的利益高于一切。所谓"公"不过是整体的象征,整体既包括国家,也包括民族,还包括君主个人及其家族的利益。民众个人的一切都是属于"公"的。对于个人来说,最大的公就是无私;对于社会来说,大公也就是所有的人都去掉私。因此,滋生在中国传统文化土壤中的人文主义抹杀了人的个性,个体不自由、无独立性,个体的存在、生存和发展完全依赖外部自然形成的和被强加的各种宗法血缘"关系"。政治自由在传统政治的社会环境中不过是一道可望而不可即的政治景观而已。

二、中国传统政治的合法性思维

中国传统政治的理论支撑是儒家文化,其核心是董仲舒提出的"屈民而伸君,屈君而伸天"②。老百姓服从国君,国君服从上天,这就是一种合法性思维。这种合法性思维,有如下几个层面的含义:

其一,在儒家文化中,有一个精神主宰——天,天既是万物之基、本体之天,同时,天又高于一切,主宰一切,"巍巍乎,唯天为大"③,"天者,百神之大君也"④。在道家文化中,对天也有类似的解说,《致虚极章》中指出:"知常容,容乃公,公乃全,全乃天,天乃道,道乃久,没身不殆。"⑤

其二,通过确立天道来确立人类社会等级制度的合法性基础。在儒家文化中,人道与天道是一致的:天人合一,天人感应,天命不可违,因此,君与臣,父与子这种尊卑的次序绝不可颠倒。

其三,通过确立天道设置制衡皇帝权力的精神武器。用天的权威制约皇帝的权威,实质上是给皇帝戴上精神枷锁,维持等级社会的均衡和谐。

可见,传统政治合法性思维的基本信念是"君权天授","顺从"与"服从"君权是一种基本的政治认知,这种认知方式带有浓厚的信仰色彩,主动性、逻辑推理、思考及理性判断等均与思辨理性不同。人们在顺从与服从的过程中,获得的是他人的信念或理念,褪去了自身的思考与判断。

---

① 《孟子·尽心章句下》.
② 董仲舒.春秋繁露[M].周桂钿,译注.北京:中华书局,2011:21.
③ 马松源编注.论语[M].北京:线装书局,2011:717.
④ 董仲舒.春秋繁露[M].周桂钿,译注.北京:中华书局,2011:185.
⑤ 文选德.《道德经》诠释[M].2版.长沙:湖南人民出版社,2005:96.

第二节 乌托邦政治理想中的政治自由

一、"大同世界"中的政治自由

无论是在古代意义上还是在现代意义上,政治都意味着权力,而权力则意味着统治和服从,统治和服从的顺利实现就标志着基本的政治秩序的形成。问题在于:谁有资格拥有这种统治的权力,人们凭什么服从统治者?这就是所谓的政治的合法性问题,儒学称之为"道"。儒家视野中的政治自由观沿其对于政治之"道"的探寻可窥见一斑。

儒家的最高理想便是实现"天下为公"的大同世界,在这个天下为公的大同世界中,人人自由而平等,相互间其乐融融,国与国之间和平安宁,没有贫富差距,社会公平正义。《礼记·礼运》篇是这样描述大同世界的社会景象的:

> 大道之行也,天下为公。选贤与能,讲信修睦,故人不独亲其亲,不独子其子,使老有所终,壮有所用,幼有所长,矜寡孤独废疾者,皆有所养。男有分,女有归。货恶其弃于地也,不必藏于己;力恶其不出于身也,不必为己。是故谋闭而不兴,盗窃乱贼而不作,故外户而不闭,是谓大同。

简而言之,所谓大同,就是指生产资料公有,人们之间没有等级差别,没有剥削压迫,平等和睦相处,各有所得所乐。

孔子认为,当大道通达于天下时,天下就为大家所公有。这个全民公有的社会制度,包括权力公有和财物公有,而首先是权力的公有。权力公有的口号是"天下为公",具体措施是选贤与能。而选贤与能是制度化的,管理社会的贤能是被选举出来的,而选举贤能的权力在于"天下",也就是全社会的民众,所以说权力公有。其所以要明确权力公有,是人们从实践中认识到权力可以改变一切,也可以搜取一切。只有取消权力的个人垄断,才能保证社会的其他方面不受垄断;只有坚持权力的公有,才能保证社会其他方面的公有。所以"天下为公"的口号与王权是根本对立的。总之,实行全民公有的社会制度,一是要权力和财物公有,首先是权力的公有;二是选贤与能要制度化;三是要实行权力非终身制;四是反对王权。

两千多年的封建历史进程中,传统政治哲学向社会大众输出的政治价值观适应了中国封建政治的需要。"大同世界"的最高理想和终极指向要摆脱和超越现实忧患的困扰,以恢复或实现天人关系和谐以及人际关系和谐的大同世界,并在恢复和实现大同世界的历史进程中体现和肯定人之为人的尊严和价值。儒家的人格境界具有积极进取、自强不息的性质,并反映出强烈的历史使命感。儒家认为,人类自由的理想境界,不在彼岸世界,不在精神之中,而在现实社会,每一个人都有责任促进这个理想境界的实现。道家则以"道"为通向自由之路标画出充满诗情画意的人格境界,以返璞归真的本真之状展示人类生命的无穷意蕴,以天人合一的根源境域为人类有限的生命历程提供终极关怀。在老庄看来,人类个体只有在体认到道的本质或与道合一的情况下,才能安身立命,才能超越自身的有限性,实现真正的自由。

应该承认,中国古代大多数思想家的思想学说中都有一个崇高的境界,无论是儒家的大同社会和王道理想,还是道家的"小国寡民"和"至德之世"都是对现实政治的超越。然而,中国古代思想家一方面追求"崇高",另一方面,于君主专制政治之外又找不到超越政治现实的途径,在别无选择的情况下,思想家最终只能向君主专制政治回归。因此,对君主专制政治的需要以及对自由民主的漠视成为中国古代社会绝对的政治价值准则。从先秦两汉至宋明,虽然每一个历史时期都有不同的社会主题,中国传统政治哲学的内容、哲理化程度也因时代而异,但是,"君君、臣臣、父父、子子"这一价值基点却从未发生改变。中国传统政治哲学在价值方面与君主专制政治达成一致,是封建时代君主专制政治能够长期存在的重要前提,中国传统政治哲学最大限度地解释了中国封建时代政治制度的合理性。

二、"太平天国"中的政治自由

19世纪上半叶是中国封建社会走向穷途末路的时期。清王朝用高压手段所维持的相对稳定的统治时代已经一去不复返了,土地的高度集中和日益加重的地租盘剥,带来的是农民群众频频不绝的起义,起义的组织力量——会党取得了广泛的发展,"天地会"的势力几乎遍布中国。与此同时,丝织、棉织、造纸、制瓷、冶铁等手工业部门的商品生产也大大突破了明清之际的水平,它们在暗中侵蚀着旧制度的基础。外国商品和走私鸦片的大量输入、纹银的外流,加重了这种情况,造成了社会资源的枯竭①。

1851年1月11日,洪秀全率领拜上帝教信徒在金田宣布起义,建号"太平天国",至此拉开了清朝历史上最大的一次农民起义的序幕。太平天国起义为近代中国的重大事件,对晚清政治格局的影响十分深远。

(一)《天朝田亩制度》是确保政治权利的基础

《天朝田亩制度》是对分配和消费的规定。其特点是"人无私财",一切收入归"圣库",否定私有财产,消除贫富差别,"有田同耕,有饭同食,有衣同穿,有钱同使",希望把"无人不饱暖"建立在"无处不均匀"的分配基础之上。

> 凡分田,照人口,不论男妇,算其家口多寡,人多则分多,人寡则分寡……凡天下田,天下人同耕,此处不足,则迁彼处,彼处不足,则迁此处。凡天下田,丰荒相通……务使天下共享天父上主皇上帝大福,有田同耕,有饭同食,有衣同穿,有钱同使,无处不均匀,无人不饱暖也……②

《天朝田亩制度》在政治方面,不仅规定了政权的组织形式,而且这种政权是民主主义制度的萌芽。太平天国在其统治区内实行乡官制度。规定:"凡设一军,每一万三千一百五十六家先设一军帅……"乡官由地方保举,或公举产生(后期许多地方是由政府委派),政府不加干涉。并规定:"凡天下每岁一举,以补诸官之缺。"但无论伍长,或军帅,《天朝田亩制度》中规定均须严格审查后,最后由天王批准。

(二)太平天国试图冲破"四条极大的绳索"

在政权基础的建设方面,太平天国建立起以贫苦劳动人民为骨干领导的从基层起的各级革命政权。《金陵纪事》中记载:"木匠居然做大人。"③

在突破传统族权、神权和夫权方面,《原道醒世训》中记载:"天下多男人,尽是兄弟之辈;天下多女子,尽是姊妹之群。"《贼情汇纂》中记载,"父子亦称兄弟,姑媳亦称姊妹……可谓五伦俱绝","舍亲兄弟不认,而别呼他人为兄弟",在血火战斗中

---

① 李泽厚.中国近代思想史论[M].天津:天津社会科学院出版社,2003:25.
② 李泽厚.中国近代思想史论[M].天津:天津社会科学院出版社,2003:17-18.
③ 李泽厚.中国近代思想史论[M].天津:天津社会科学院出版社,2003:13.

同生共死，当然比亲兄弟还亲。①

从这里，我们不仅看出太平天国着重简述了"大同"世界里经济平等的思想，而且在此基础上指出的是人与人平等、男女平等的思想，"天下为公，选贤与能"的政治平等的思想，天下一家的国与国之间、民族之间平等的思想。恰如恩格斯所言："一切人，作为人来说，相互之间都有一些共同之点，在这共同点所涉及的范围内，他们是平等的——这样的观念自然是自古已有的。但是近代的平等要求是和这一观念完全不同的；近代的平等要求更甚的是在于从人的一般共同特点中，从他们作为人来看是平等的这一点中，得出一切人或者至少该国所有公民，或该社会所有成员，都应当有平等的政治地位以及与之相应的平等的社会地位的要求。"②

第三节　救亡图存中的政治自由

1894年中日甲午战争的失败，结束了"同治中兴"的神话，太平天国失败后维持相对稳定的年代结束了，中国人民各阶级阶层开始了第一次救亡图存的爱国运动，出现了政治斗争的新形势。从经济到思想、从政治局面到社会气氛，进入了一个新的时期。在意识形态方面，上一时期积累起来的变法维新思潮，一下被推上时代的高峰，形成了一条思想、政治路线，这就是以康有为为代表和以后以张謇为代表的改良派和立宪派的路线。与这条路线由差异、矛盾最终发展为对抗的，是以孙中山为首的革命派路线③。

一、改良派变法维新中的政治自由

维新运动对于自由主义在中国的传播意义深远：一方面，由于西方自由主义观念是作为救亡图存的工具与手段被引进的，"民族自救"便成为中国近代自由主义思想中不可或缺的内容。不仅维新运动期间"严复式的自由主义"如此，以后整个中国近代自由主义的思想发展轨迹亦如此。另一方面，维新运动的发展为自由主

---

① 李泽厚.中国近代思想史论[M].天津：天津社会科学院出版社，2003：15.
② 马克思，恩格斯.马克思恩格斯选集：第3卷[M].中共中央马克思恩格斯列宁斯大林著作编译局，译.北京：人民出版社，1995：347.
③ 李泽厚.中国近代思想史论[M].天津：天津社会科学院出版社，2003：263.

义在中国的传播提供了机遇,同时也减少了自由主义运动发展的阻力。可以这样认为:假如没有维新运动,则自由主义在中国的传播可能要推迟若干时日;假如不和"救亡图存"的目标结合起来,则自由主义这些素来为中国传统文化思想所拒斥的观念要为近代中国人所理解和接受,也将是十分困难的[1]。

(一) 严复[2]的政治自由观

严复将自由划分为政治自由、伦理自由以及作为政治自由及伦理自由之中介的思想自由或言论自由。他强调,"自由"一词的原意是"不受拘束"或尽可能少受拘束的意思。但在讨论政治问题的时候,这种理想的或原始意义上的"自由"是根本不存在的。因为任何政治都是一种管束或管治行为,而管束、管治其意义根本上与"自由"一词相对。既然如此,那么当我们谈论"政治自由"的时候,其意思到底何所指呢?严复提出,一方面,自由是"天之所界",是人生不可让渡的权利,另一方面,管理或管治又为人类社会所必需,因此所谓政治自由,它要探讨的是政府或国家的管治权到底有多大,也即它的权限问题。

在讨论政府权限问题时,严复强调个体自由神圣不可侵犯的原则。他说:"侵人自由者,斯为逆天理,贼人道。……故侵人自由,虽国君不能……[3]在《辟韩》一文中,他驳斥了韩愈提出的君臣之伦乃"道之原"的说法,阐述了设立政府的目的在于保障人民的个人自由这一原则。他提出,政府之设立基于"通功易事"的原则,尽管人民为了提高功效、发展生产,采取分工的办法,将一些公共性的事务委托给政府去办理,并赋予政府及管理部门以相当的权力,但一些属于私人领域范围的事情,任何他人,包括政府部门,都是不得加以干涉的。他给政府实施权力的领域划出一个明确的范围,指出了许许多多诸如生命权、财产权、思想自由权、追求幸福权

---

[1] 胡伟希,高瑞泉,张利民.十字街头与塔:中国近代自由主义思潮研究[M].上海:上海人民出版社,1991:23.
[2] 严复(1854—1921),原名宗光,字又陵,后改名复,字几道,汉族,福建侯官(今福州市)人,先后毕业于福建船政学堂和英国皇家海军学院,曾担任过京师大学堂译局总办、上海复旦公学校长、安庆高等师范学堂校长、清朝学部名辞馆总编辑。在李鸿章创办的北洋水师学堂任教期间,培养了中国近代第一批海军人才,并翻译了《天演论》,创办了《国闻报》,系统地介绍西方民主与科学,宣传维新变法思想,将西方的社会学、政治学、政治经济学、哲学和自然科学介绍到中国。其提出的"信、达、雅"的翻译标准,对后世的翻译工作产生了深远影响。他是清末极具影响力的资产阶级启蒙思想家、翻译家和教育家,是中国近代史上向西方国家寻找真理的"先进的中国人"之一。
[3] 王栻.严复集:第一册:诗文 上[M].北京:中华书局,1986:3.

以及安排个人生活方式的权利都是政府与国家不得横加干预的。① 显然,严复提倡"无为而治"以及政府尽可能少干预百姓的社会生活,是深感于数千年来中国的封建专制政治剥夺了人民的自由权利,抹杀了人的个性和创造性,束缚了社会的生产力,阻碍了中国的现代化发展。严复的自由观对于以家族主义为本位,提倡"孝悌忠信""亲亲尊尊""三纲五常十义"的中国社会带来了巨大的震撼力,绝不亚于尼采的"上帝死了"的宣言。

严复的自由观实质是西方古典自由主义的翻版。所不同的是,古典自由主义自由观的提出和发展是适应了西方资本主义经济政治的发展要求,并且令资本主义经济极大繁荣,而以严复为代表的中国知识分子在国家兴衰存亡之际直接拿来了西方的自由主义思想,出发点是好的,但是和中国当时的国情格格不入,以及其所提倡的自由、民主理念触动了当时依然强大的统治阶级的"愚民"的思想基础,所以阻力重重,无疾而终。

(二)谭嗣同②的政治自由观

如果说在维新运动中,严复从西方直接引进英国式的自由主义思想使得中国传统思想在激烈的社会和政治动荡中发生了些许蜕变,那么谭嗣同是将中国传统思想向近代自由主义方向推进的第一人。谭嗣同的自由意识不同于严复,也不同于英国经验主义的自由主义者,在他的自由主义思想中,平等占据了第一位,而个人自由则服从于平等。虽然谭嗣同也将自由与平等并称,并屡屡提到"不失自由之权",但这种个体自由意识毕竟是置于平等的基础之上,这从他对"仁"的解说中,以"平等"为第一义就可看出。谭嗣同以"冲决网罗"的精神,要求彻底解除一切束缚个体自由和个性发展的桎梏,除了指封建君权之外,还包括世间一切陈腐的道德、习俗,尤其是封建礼教,因此,其思想成为五四新文化运动中伦理革命的直接前驱。从自由主义的角度看,谭嗣同对传统思想的改铸有成功的一面,也有不足之处。就

---

① 王栻.严复集:第一册:诗文 上[M].北京:中华书局,1986:35.
② 谭嗣同(1865—1898),字复生,号壮飞,汉族,湖南浏阳人,是中国近代资产阶级著名的政治家、思想家,维新志士。少时师从欧阳中鹄,后加入维新派。他主张中国要强盛,只有发展民族工商业,学习西方资产阶级的政治制度,公开提出废科举、兴学校、开矿藏、修铁路、办工厂、改官制等变法维新的主张,写文章抨击清政府的卖国投降政策。1898年参加领导戊戌变法,失败后被杀,年仅33岁,为"戊戌六君子"之一。代表作品有《仁学》《寥天一阁文》《莽苍苍斋诗》《远遗堂集外文》等。

将儒家的"民本"思想发展为天赋人权说及人民主权论这点上看,他是成功的;就他将儒家的大同理想以及平均观念吸收进他的自由主义思想中看,他的理论体系显得并不严密且有相互抵触之处。因此五四运动期间及五四运动以后,中国的自由主义者大多从严复而不是从谭嗣同那里汲取思想灵感,其原因也在这里[①]。

(三) 梁启超[②]的政治自由观

戊戌变法失败以后,梁启超的思想逐渐摆脱康有为的影响而作为近代中国自由主义思想中的一支在社会上产生重大影响。梁启超的自由主义是谭嗣同与严复思想的综合。与他们一样,梁启超是从救亡和富强中国这一时代要求出发接触到必须引进西方自由主义思想这一课题的。在最能体现他的自由主义思想特征的《新民说》一书中,他将严复的思想进一步强化了,认为国之兴亡、荣衰都系于民德、民智和民力,从而将富强中国之道归结为"新民"二字。"自由"在"新民"中占据着核心的地位。在《新民说》的"论自由"一节中,他写道:"自由之义,适用于今日之中国乎? 曰:自由者,天下之公理,人生之要具,无往而不适用者也。"政治自由是"人民对于政府而保其自由",可细分为三:"一曰平民对于贵族而保其自由,二曰国民全体对于政府而保其自由,三曰殖民地对于母国而保其自由是也。""凡生息于一国中者,苟及岁而即有公民之资格,可以参与一国政事;是国民全体对于政府所争得之自由也。"[③]梁启超不仅提出了自由的思想,而且对自由作了分解和归类,并且进一步强调了政治自由的含义和要求——民众的参政议政,并付之于法律的形式以保障[④]。

二、"辛亥革命"时期的政治自由

20世纪最初十年是中国资产阶级旧民主主义革命的风雨年代,它以义和团勇士们无畏的血火宣告灿烂的开端,却完结在辛亥革命那个悲壮的胜利中。

---

① 俞祖华,赵慧峰.近代中国自由主义思潮研究综述[J].烟台大学学报(哲学社会科学版),2005(1):97-103.
② 梁启超的思想特征之一是摇摆和善变,容易接受外来影响。在戊戌变法前后,他在外来影响(前是谭嗣同,后是孙中山)下,思想言论曾两度激越,但很快被他的老师康有为拉了回来。辛亥革命后才摆脱康有为的影响,五四运动时曾接受白话文等,但很快又在胡适影响下,大搞整理国故了。摘自李泽厚.中国近代思想史论[M].天津:天津社会科学院出版社,2003:264.
③ 李华兴,吴嘉勋.梁启超选集[M].上海:上海人民出版社,1984:224.
④ 李华兴,吴嘉勋.梁启超选集[M].上海:上海人民出版社,1984:58.

孙中山①是中国革命的先行者。孙中山第一个全面提出了资产阶级民主革命的理论和政纲，他的"三民主义"学说概括了整个时代的要求和历史的动向，其中饱含了丰富的政治自由思想。

孙中山一开始把民权主义作为革命的内容，在兴中会的简短誓词中，"建立共和政体"是重要目标。在同盟会宣言中，"建立民国"是四大纲领之一。"今者由平民革命，建立民国政府，凡我国民皆平等，皆有参政权，大总统由国民共举，议会以国民公举之议员构成之，制定中华民国宪法，人人共守，敢有帝制自为者，天下共击之。"②"前代为英雄革命，今日为国民革命，所谓国民革命者，一国之人皆有自由平等博爱之精神。"③自由平等博爱是孙中山"天下为公"在政治思想方面的含义，也是孙中山政治自由思想的基本点。

三、五四时期的政治自由

西方自由主义思想的输入，是建立在近代中国人对自己的文化与文明的深刻反省的基础上的，在西方经济、政治、军事的压力下，中国人感到要自强，唯有取法西方，于是整个西方文化，从器皿文化到观念文化，均被视为挽救中国危机的药方输入中国④。19世纪中叶传入中国的主要有两种自由主义思潮：一个是美国杜威的民主自由主义，主要包括三方面的内容，即实验主义的方法论、渐进的社会改造策略和泛化的民主原则。继承其衣钵的中国弟子胡适被许多后来的自由主义者奉为中国自由主义的宗师。另一个则是英国拉斯基的费边社会主义，其主要宗旨是在保留自由主义原则的同时力图将它与社会主义的平等公正原则结合起来，从而

---

① 孙中山(1866—1925)，名文，字载之，号日新，又号逸仙，幼名帝象，化名中山樵。出身于广东香山县(今中山市)翠亨村的农民家庭。青少年时代受到广东人民斗争传统的影响，向往太平天国的革命事业。是中国近代民主主义革命的先行者，"中华民国"和中国国民党创始人，三民主义的倡导者。首举彻底反封建的旗帜，"起共和而终帝制"。1905年成立中国同盟会。1911年辛亥革命后被推举为中华民国临时大总统。1925年3月12日，孙中山在北京逝世，1929年6月1日，根据其生前遗愿，将陵墓永久迁葬于南京紫金山中山陵。1940年，国民政府通令全国，尊称其为"中华民国国父"。孙中山著有《建国方略》《建国大纲》《三民主义》等。其著述在逝世后多次被结集出版，有中华书局1986年出版的十一卷本《孙中山全集》，台北1969年、1973年、1985年出版的《国父全集》等。孙中山是中国伟大的民主革命先行者，为了改造中国耗尽毕生的精力，在历史上建立了不可磨灭的功勋，在政治上也为后继者留下珍贵遗产。
② 李泽厚.中国近代思想史论[M].天津：天津社会科学院出版社，2003：297.
③ 李泽厚.中国近代思想史论[M].天津：天津社会科学院出版社，2003：298.
④ 胡伟希，高瑞泉，张利民.十字街头与塔：中国近代自由主义思潮研究[M].上海：上海人民出版社，1991：13.

在自由主义框架内发展出一个变种即社会民主主义。拉斯基的费边社会主义在当时中国的自由主义者中影响巨大,罗隆基①、王造时②、储安平③、张君劢④等都是拉斯基的信徒⑤。

辛亥革命以后,终于迎来了新文化运动,自由主义开始走向高潮。五四新文化运动中的自由主义突出表现为提倡伦理和道德革命。1918年,胡适⑥在《新青年》上发表《易卜生主义》一文,公开指责社会上的三种势力:一是法律,二是宗教,三是道德。而其中的道德据易卜生看来,只是"许多陈腐的习惯而已"⑦。20世纪20年代末,以《新月》杂志的创刊为标志,自由主义在中国的发展进入一个崭新的阶段——致力于政治改革与人权运动。以胡适为代表的中国自由主义分子试图像英美国家的一些自由主义者一样,采取不加入政治却又议政的方式影响中国政治的发展。胡适的自由主义思想首先表现在他对"自由"这一核心观念的理解上。他认为,按照自由主义的理解,"自由"是"由于自己""不由于外力拘束"的意思。这样理解的自由既不是无所限制的"消极自由",也不是逃避外力压迫、返回内心世界的"内在自由",而是一种"积极自由"。实际上,胡适所说的"自由"乃是"外部自由",

---

① 罗隆基(1896—1965),江西省安福县人,中国著名政治活动家、爱国民主人士。他是中国民主同盟(民盟)创始人之一,中国第二号右派,也是最终没有得到正式平反的五名右派之一。1913年,考入北京清华留美预备学校。1921年赴美留学,先后在威斯康星大学和哥伦比亚大学攻读政治学,后赴伦敦政治经济学院,获得政治学博士学位。1949年后任民盟中央副主席、政务院委员、森林工业部部长、政协全国委员会常委、全国人大常委等职。1957年主张"成立平反委员会",它与章伯钧的"政治设计院"、储安平的"党天下"一起被称为最著名的三大右派言论。

② 王造时(1903—1971),江西省吉安市安福县人,原名雄生,1903年9月2日出身于一个经营竹木生意的商贾家庭。他是我国近代民主运动的先驱之一,五四运动的领导人之一,著名"七君子"之一。

③ 储安平(1909—1966),江苏宜兴人,中国学者、知识分子。民国时期著名评论家,《观察》社长和主编。中华人民共和国成立后曾出任新华书店经理、光明日报社总编、九三学社宣传部副部长等职。1957年因在《光明日报》发表《向毛主席、周总理提些意见》(著名的"党天下"发言),招致当局不满,反右运动开始后储安平迅速被作为典型打倒,其家人和诸多相关人士均受牵连。"文革"中遭受残酷迫害,生死不明。

④ 张君劢(1887—1969),原名嘉森,字士林,号立斋,别署"世界室主人",笔名君房,江苏宝山(今属上海市宝山区)人。近现代学者,中国民主社会党主席,被部分学者认为是早期新儒家的代表之一。

⑤ 郁建兴.自由主义批判与自由理论的重建:黑格尔政治哲学及其影响[M].上海:学林出版社,2000:112.

⑥ 胡适(1891—1962),原名嗣穈,学名洪骍,字希疆,后改名胡适,字适之,笔名天风、藏晖等,安徽绩溪人。现代著名学者、诗人、历史学家、文学家、哲学家。因提倡文学改良而成为新文化运动的领袖之一,胡适是第一位提倡白话文、新诗的学者,致力于推翻两千多年的文言文,与陈独秀同为五四运动的轴心人物,对中国近代史产生了较为深远的影响。曾担任"中华民国"驻美大使、国立北京大学校长、台湾"中央研究院"院长等职。胡适兴趣广泛,著述丰富,在文学、哲学、史学、考据学、教育学、伦理学、红学等诸多领域都有深入的研究。1939年还获得诺贝尔文学奖的提名。

⑦ 葛懋春,李兴芝.胡适哲学思想资料选:上[M].上海:华东师范大学出版社,1981:161.

即要争取不受外力拘束压迫的条件。它不仅是指具有参政权利的"政治自由",更重要的是指个人的基本人权,包括宗教信仰自由、思想自由、言论自由、出版自由等。他强调,这些自由不是天上掉下来的,而是需要争取的。

胡适认为,"民主"是自由主义的第二原则,这其实是"政治自由"的真正含义。他说:"一个国家的统治权必须放在多数人民手里,近代民主政治制度是安格罗-撒克逊民族的贡献居多,代议制度是英国人的贡献,成文而可以修改的宪法是英美人的创制,无记名投票是澳洲人的发明,这就是政治的自由主义应该包含的意义。"[①]可见,所谓"大多数人的统治",不是口头上的和抽象的,而是有一整套制度和措施来保障的。此外,胡适赋予"宽容"在自由主义政治哲学中以特殊的含义。他说:"自由主义在这两百年的演进史上,还有一个特殊的、空前的政治意义,就是容忍反对党,保障少数人的自由权利。"民主政治需要养成一种容忍异己的度量与风气。[②]他说:"至少在现代,自由的保障全靠一种互相容忍的精神,无论是东风压了西风,还是西风压了东风,都是不容忍,都是摧残自由。"[③]

四、中国式自由主义的形成

20世纪40年代的中国政局混乱,内忧外患,民不聊生,中国自由主义者的直接目标是政治自由和经济平等。应该说,20世纪40年代的自由主义者提出的政治理想具有前瞻性,尤其是其提出的"经济平等",具有了初步的共产主义理想色彩,但是他们的政治理想并不务实,因而始终停留在"理想"层面,成为"只开花不结果"的观念而已[④]。

(一)殷海光[⑤]的自由观

殷海光作为继胡适之后的第二代中国自由主义者,深受五四运动精神的影响,

---

① 葛懋春,李兴芝.胡适哲学思想资料选:上[M].上海:华东师范大学出版社,1981:433.
② 葛懋春,李兴芝.胡适哲学思想资料选:上[M].上海:华东师范大学出版社,1981:433.
③ 葛懋春,李兴芝.胡适哲学思想资料选:上[M].上海:华东师范大学出版社,1981:434.
④ 胡伟希,高瑞泉,张利民.十字街头与塔:中国近代自由主义思潮研究[M].上海:上海人民出版社,1991:318.
⑤ 殷海光(1919—1969),原名殷福生,湖北黄冈市团风县人,中国著名逻辑学家、哲学家。曾从师著名逻辑学家、哲学家金岳霖先生。国立西南联合大学毕业后,进入清华大学哲学研究所,并曾在金陵大学(南京大学前身之一)任教。抗日战争爆发后,加入青年军。1949年到台湾,同年8月,进入台湾大学哲学系任教。

再加上他所生活的动乱时代,以及他强烈的道德感与责任感,使他认为只有反传统、反权威,提倡自由、民主与科学才是拯救中国的灵药,他以高度的道德热情践行和捍卫自己的这一信仰。在《自由的伦理基础》一文中,殷海光指出:自由是一个颇为复杂的观念。自由有低度的意义和高度的意义。低度意义的自由是消极的自由,高度意义的自由乃积极的自由,把不做什么的"消极(低度)自由"与能做什么的"积极(高度)自由"二者的关系梳理出来,保证一个人不做什么,意味着这个人免于镇制,在此基础上的积极自由,意味着这个人对自己做什么、不做什么有了自主权①。

个人主义是自由主义的落实之处。个人主义是自由主义最真实的起点,也是自由主义最真实的终点。自由主义者从个人主义出发,经历社会的程序及文化的涵化,又回到个人主义。但这里所说的个人主义并不等于自私的唯我主义,个人主义一点也不放弃利他、合作、舍己为人等美德。并且这一切美德必须切实地从个人出发。从个人出发来展现这些美德乃个人自我的扩张和个人生命内容的充实。如果人人展现这些美德,那么由这样的个人所构成的社会没有理由不是一个康正的社会。自由的伦理基础有而且只有一个——把人当成人。

可见,殷海光关于自由的表述及论证是比较全面的。尤其是他关于自由主义与个人主义关系的论述。他从伦理学的角度指出了个人主义和利己主义的区别,从我们今天的社会实际来看,个人主义不排除利己主义,利己和利他双赢是我们今天的社会生活所追求的目标。但是,殷海光的理论具有强烈的反传统性,同时他所提出的"个人主义"很难为自古以来崇尚"国家""民族"至上的中国人所接受,这也成为中国近代知识分子在推行其自由主义理念时面临的最大困扰。

(二) 林毓生②的自由观

林毓生针对殷海光理论中不为世人接受的部分,提出了"传统的创造性转化"观点,这是他自由主义理论中最有特色的部分。林毓生指出,自由、理性、民主和法治不能由打倒传统获得,只能在传统经由创造的转化而逐渐建立一个新的、有生机

---

① 殷海光.殷海光文集:第2卷[M].台北:桂冠图书公司,1979:787.
② 林毓生,1934年生于沈阳,7岁时移居北平,14岁随家人迁入台湾。1958年台湾大学历史系毕业,师从中国近代自由主义大师殷海光。1960年赴美深造,师从世界自由主义大师哈耶克。1970年获得芝加哥大学社会思想委员会哲学博士学位,后在哈佛大学东亚研究中心从事博士后研究,并任弗吉尼亚大学访问助理教授。1970年开始执教于威斯康星大学麦迪逊校区历史学系,主讲中国思想史,于2004年退休,改任该系荣誉教授。1994年当选为台湾的"中央研究院"院士。

的传统时获得。林毓生对中国传统文化的价值符号进行改造,使之变成有利于观念变迁的种子,同时在变迁的过程中保持文化的认同。这里所说的改造,是指传统中有东西可以改造、值得改造,这种改造可以受外国文化的影响,却不是硬把外国的东西移植过来。在理论上,儒家思想可以作为自由主义的道德基础。过去我们的历史并没有发展出这种中国的自由主义,是因为受了环境的限制,并非我们没有这种潜力。历史是继续不断发展的,不能说过去我们没有,以后也不可能有。

  林毓生进而从政治哲学的层面对自由的含义进行了说明。他指出,自五四运动以来,一般中国知识分子多认为自由与权威是不相容的。自由不但不能依靠权威,而且要从反抗权威的过程中争取。在五四运动前后,中国进步的知识分子,在接受了他们所了解的西方现代价值(自由、民主、科学、进步)之后,发现围绕着他们四周的旧风俗、旧习惯、旧制度与旧思想都是与他们所接受的价值不能相容的,所以如果要使这些新的价值在中国社会生根,他们认为必须将那些支持旧风俗、旧习惯、旧制度与旧思想的权威打倒不可。如此,保障人的尊严,使人的思想与情感得以合理发展的新价值与新观念,才有希望在中国发展滋长[①]。而事实上,自由与权威是相辅相成的,合则两美,离则两伤。自由可分为外在的自由与内在的自由。外在的自由指个人在社会中的行为所能遭遇到的外在的强制力,已经减少到了最低程度的境况。这种英国式的对自由所下的消极的定义,从来不是一个绝对的观念。自由当然不包括使别人没有自由的"自由"。为所欲为的放纵不但与自由绝不相容,而且是自由的大敌。所以自由与法治不可分[②]。应用罗尔斯较为积极的话来界定自由:每个人均平等地享有最广阔的基本自由的权利,但这种享有基本自由的权利必须与别人享有同样的权利是相容(不冲突)的[③]。另外,自由与责任也是不可分的。如果自由不与责任并谈,则自由的理想便变得毫无意义。一个人如果对自己的行为不能负责,换句话说,他不能根据经验事实以他所能预见或想象得到的行为后果来考虑应该怎样做的话,那么谈论自由的理想实是一件很可笑的事。这不是说人可超越社会与文化的影响,而是说人在社会中的行为,能够因考虑与预见不同的可行途径的后果而决定取舍。所以自由主义者肯定人类具有理智与道德的能力[④]。

---

① 施晓花.政治哲学视域中的政治自由[D].南京:南京航空航天大学,2007:23-24.
② 施晓花.政治哲学视域中的政治自由[D].南京:南京航空航天大学,2007:23-24.
③ 林毓生.中国传统的创造性转换[M].北京:生活·读书·新知三联书店,1988:68.
④ 丁祖豪,郭庆堂,戴明玺,等.20世纪中国保守主义与自由主义哲学[M].徐州:中国矿业大学出版社,2002:292.

第四节 中国传统政治自由观的历史局限性

在中国两千多年的封建历史发展中,以儒家为核心,道家为补充的中国传统政治哲学向社会大众输出各种各样的试图实现天人关系和谐以及人际关系和谐的政治理念,在这个过程中,传统政治哲学恢复和肯定了人之为人的尊严和价值。儒家的积极进取、自强不息、积极入世的历史使命感以及道家消极无为、返璞归真、充满诗意的人格追求都体现了古代先哲对于超越自身的有限性,实现真正的对自由的向往和追求。但是,孕育于中国传统政治生态中的政治自由实质是"乌托邦",这是由封建社会的生产方式所决定的。无论是儒家所言的"随心所欲不逾矩"还是道家所言的"天地自在逍遥游",个体的生存和发展完全依赖外部自然形成的和被强加的各种宗法血缘"关系"。政治自由在传统政治生态中不过是一道美好的政治景观。

与此同时,在近代中国发展的过程中,自由主义作为一种思潮,确实曾经被引入中国并在知识分子中有一定的影响力。但是,由于自由主义生长发育的主客观条件的缺失,既远离中国的"社会现实",又与中国传统文化存在"异质性",自由主义在中国的发展步履维艰。近代中国自由主义者在经济问题上对自由主义的背离,固然是由中国自由主义思想的幼稚性和理论根基的脆弱性造成的,而这种幼稚性和脆弱性则是整个民族在社会文化方面落伍的反映[①]。正如张东荪所说:"就人类言,最理想的是一个民族经过充分的个人主义的陶养以后,再走上社会主义或共产主义之路。""中国没有经过个人主义文化的陶养而遽然来到二十世纪是一个遗憾。"[②] 自由主义在中国不过是昙花一现,成为匆匆过客。而自由主义者所倡导的政治自由,也成为近代中国遥不可及的政治梦想。以后的历史发展表明,马克思主义政治自由既能保障社会成员的自由权利,也能推动中国社会的经济、政治和文化发展。建设马克思主义政治自由观是中国社会发展的重要内容。

---

① 施晓花.政治哲学视域中的政治自由[D].南京:南京航空航天大学,2007:26.
② 张东荪.政治上的自由主义与文化上的自由主义[J].观察,1948(4):2.

第五章

政治自由的基本属性与发展向度

在明晰了中西方政治自由观的历史流变之后,便会产生政治自由从何而来的理论问题。只有对政治自由的基本属性和发展向度进行深入的探究,才能获得对政治自由范畴的更清晰、更系统、更深刻、更感性的认识。

第一节 政治自由的"社会—个体互构"性

政治自由是具有"社会—个体"关系意义的社会行为。这种关系体现为社会与个体的互动、互构、互建。这种关系是相辅相成、动态发展的,通过个体主体性与社会规范性的博弈,社会发展达到一种均衡、和谐的状态。若在这个关系发展的过程中,个体缺乏主体性,那么政治自由沦为抽象的自由,实质是被强制和被奴役;同样,社会若缺乏规范性,那么政治自由变成强者的为所欲为,形成"狼的自由就是羊的末日"[①]的野蛮状态。"社会—个体互构",是作为"人的集合体"的社会与个体的同生共存,摈弃了"个体单构"或"社会单构"。在政治自由的范畴中,弘扬个体能动性与发挥社会规范性同样重要,缺一不可。假如两者缺一,恰如"一个瘫痪的人想要跑,一个矫健的人不想跑,这两个人都将停止在原地上"[②]。"社会与个体互构"是政治自由的本真状态、重要属性与本质要求[③]。

一、"社会—个体互构"的自由观弘扬个体在社会场域中的主体性

个体主体性是推进政治自由的最基础、最活跃、最革命的因素。当个体意识不

---

① 伯林.自由论:《自由四论》扩充版[M].胡传胜,译.南京:译林出版社,2003:192.
② 卢梭.社会契约论[M].何兆武,译.3版.北京:商务印书馆,2003:71.
③ 施晓花.论"社会—个体互构"的政治自由观[J].人文杂志,2013(5):37-43.

到自我的能动性和创造性,很"幸福"地被强制和被奴役的时候,自由只是对牛弹琴。卢梭指出:"奴隶们在枷锁之下丧失了一切,甚至丧失了摆脱枷锁的愿望;他们爱自己的奴隶状态,有如优里赛斯的同伴们爱他们自己的畜牲状态一样。"①

二、"社会—个体互构"的自由观扬弃了自由主义自由观和社群主义自我观

"社会—个体互构"的政治自由观包含了对自由主义自由观和社群主义自我观的扬弃。自由主义具有保障个人自由的两条基本原则:一是权利优先性。所有人,不管什么样的权力统治着他们,都有绝对的权利拒绝非人性的举动。二是"自我"优先性。自我在某些界限以内不容侵犯,这些界限不是人为划定的,它们所包含的规则已经"如此长久与广泛地"为世人所接受,以至于已经进入所谓正常人的概念之中。"社会—个体互构"的自由观一方面吸收了自由主义把个人作为一切观念与制度存在的合法性、合理性基础,把人性作为哲学的逻辑起点,另一方面摈弃了个人自由在所有的价值序列中处于"词典式"的优先性地位这一自由主义的根本原则,实质是否定了自由主义的理论基础——个人主义。"社会—个体互构"的自由观指出:以个人主义为价值原则的自由主义把个体的权利与自由推向了极端,视公共事务、社会义务、社会关系为个体自由的限制、累赘,从而冷落了人的社会性,陷入了抽象人性论的深渊。事实上,个性的极度张扬并没有如自由主义所畅想的那样——保障自由,相反,原子式的个体存在造成的社会离心力也无法整合社会力量,反而在某种程度上为专制的产生提供了现实土壤②。在这里,"社会—个体互构"的自由观既响应了自由主义对"个体自由"的激情呼唤,又否定了对个体自由的过分推崇而导致的个体单构的社会格局以及由此而形成的不平衡、不和谐的社会生态③。

"社会—个体互构"的自由观同样既否定了社群主义大力宣扬的"社群本位",又汲取了社群主义关于社群重要性的合理理念。以麦金太尔、迈克尔·桑德尔、迈克尔·沃泽尔、丹尼尔·贝尔、查尔斯·泰勒等人为代表的社群主义,声势浩大地声讨以个人主义为基础的自由主义。首先,他们的核心观点是"社群规定个人"。

---

① 卢梭.社会契约论[M].何兆武,译.3版.北京:商务印书馆,2003:7.
② 王岩.马克思主义理论视阈中的政治自由及其实现[J].马克思主义研究,2008(1):86-92.
③ 施晓花.论"社会—个体互构"的政治自由观[J].人文杂志,2013(5):37-43.

社群主义强调社会对于培育个人自主性的重要性。社群主义认为：个人的自主性，必须以其所在的社会文化形态为前提，离开了社群，不仅个人的道德理性和能力无从谈起，就是个人的自主性也无从谈起，社群主义坚持着"环境规定着我们"这一观点。其次，社群可以约束个人。社群主义指出：任何个人都无法逃脱自己所"镶嵌"其中的社群约束；社群可以满足个人归属和认同的要求。最后，解决社群与个人冲突的正当方法是张扬个人的价值，强调个人的重要地位，为个人划出一块不受他人和社群干涉的私域，限制社群积极作为的范围。协调个人与社群的关系，尽可能地使得个人在社群中团结、友爱、亲近，同时，保障社群在物质利益、社会地位和权力分配上的均等成为社群主义者的共同目标。"社会—个体互构"的自由观既肯定了社群主义强调的社会对个体的规范、指导、约束等积极作用，又指出了社群主义的初衷与结果必将背道而驰，南辕北辙：由于试图拯救西方社会的现代性危机，因而把社会、社群、社团、集体等"人的集合体"的整体利益推向了极端，为"社会的强制"与"合理的压制"、为法西斯主义和极权主义埋下伏笔[①]。

可见，"社会—个体互构"的自由观既意识到自由主义和社群主义的西方意识形态性，同时又汲取了他们的合理因素；既不主张社群或者社会本位，也不主张个人的绝对优先；既借鉴历史，又面对现实；既意识到理论的合理性，也意识到理论适用的相对性，是一种辩证的、科学的、理性的政治观，是马克思主义世界观和方法论的集中体现。[②]

三、"社会—个体互构"的自由观是马克思主义自由观的重要组成部分

"社会—个体互构"的政治自由观以现实的人为理论起点。从现实的人出发，是马克思主义理论的起点、要求和集中体现，也是"社会—个体互构"的政治自由观的理论支点。马克思以前，黑格尔等唯心主义哲学家对人的研究多停留在抽象的层面，脱离具体的社会生活和实践。马克思通过对宗教的批判，把"人"从天国拉回了人间。在马克思看来，从施特劳斯到施蒂纳的德国哲学家们"置现实的人于不顾"，"只凭虚构的方式满足整个的人"[③]，因而导致了"人的完全丧失"[④]，马克思批

---

① 施晓花.论"社会—个体互构"的政治自由观[J].人文杂志,2013(5):37-43.
② 施晓花.论"社会—个体互构"的政治自由观[J].人文杂志,2013(5):37-43.
③ 马克思,恩格斯.马克思恩格斯选集:第1卷[M].中共中央马克思恩格斯列宁斯大林著作编译局,译.北京:人民出版社,1995:9.
④ 马克思,恩格斯.马克思恩格斯选集:第1卷[M].中共中央马克思恩格斯列宁斯大林著作编译局,译.北京:人民出版社,1995:15.

判了这种从抽象的人出发来研究历史的方法,提出了研究历史的前提是从现实的人出发,使人从抽象的理念世界回复到真实的物质世界,为人类历史发展提供了必要的世俗基础①。

"社会—个体互构"的政治自由观的理论指向是个体主体性与社会规范性的良性互动,这充分体现了马克思关于个人自由与共同体辩证统一的思想。马克思首先批判了"虚假共同体",他指出:"从前各个人联合而成的虚假的共同体,总是相对于各个人而独立的;由于这种共同体是一个阶级反对另一个阶级的联合,因此对于被统治的阶级来说,它不仅是完全虚幻的共同体,而且是新的桎梏。在真正的共同体的条件下,各个人在自己的联合中并通过这种联合获得自己的自由。"②马克思对于虚假共同体的批判意味着个人自由只有在真实的共同体中才能获得。这就是说,社会与个体的良性互动,以及个人能否释放个性,在社会中自主是区别虚假共同体与真实共同体的重要标志,也是建立良善社会的重要准则。

"社会—个体互构"的政治自由观指向人的自由而全面的发展,是马克思关于人的自由而全面发展思想的重要体现。马克思对自由和政治自由问题的探索及其身后一系列波澜壮阔的社会运动,无不印证了马克思主义引导作为社会主体的人在社会政治生活中摆脱丛林法则、不平等关系、从属关系、不自由关系,自觉地寻求秩序性、独立性、自主性和平等性,促进政治和谐与政治文明。"社会—个体互构"的政治自由观弘扬个体作为政治主体在政治场域的主动性、能动性和超越性特征,它通过一系列自我批判的辩证否定过程扬弃自我,使之成为现实。因此,它既体现了个体对民主权利的诉求,也蕴含着个体对自己生活的能动安排。这种安排既是对旧的生活范式的批判,也是对更好的、更进步的生活范式的企盼与能动追求③。"社会—个体互构"的政治自由观必将引导人们为走向更自由公正的社会做贡献④。

---

① 施晓花.论"社会—个体互构"的政治自由观[J].人文杂志,2013(5):37-43.
② 马克思,恩格斯.马克思恩格斯选集:第1卷[M].中共中央马克思恩格斯列宁斯大林著作编译局,译.北京:人民出版社,1995:119.
③ 赵玲.政治自由的本质、功能及实现[J].道德与文明,2008(1):40-42.
④ 施晓花.论"社会—个体互构"的政治自由观[J].人文杂志,2013(5):37-43.

第二节　政治自由与经济基础

和任何政治范畴一样,政治自由作为观念的上层建筑,其实现最终还要依赖社会经济条件和阶级结构。一定经济基础上形成的政治自由总是同所有权紧密联系的,为所有权所规定。这个事实早就被资产阶级思想家所发现。正因如此,在古代社会,只有奴隶主阶级、封建领主阶级的政治自由,而没有奴隶阶级、农民阶级的政治自由。因此,政治自由具有阶级性。

在资本主义条件下,经济和社会生活的基础是生产资料的资本主义私有制,因而自由这一人权的实际应用就是私有财产这一人权。这就决定了政治自由事实上只属于资产阶级,而对于广大无产阶级来说不过是徒具虚名的装饰,正如马克思在《资本论》中论述货币如何转化为资本的必要条件——自由工人时指出:"货币占有者要把货币转化为资本,就必须在商品市场上找到自由的工人。这里所说的自由,具有双重意义:一方面,工人是自由人,能够把自己的劳动力当作自己的商品来支配,另一方面,他没有别的商品可以出卖,自由得一无所有,没有任何实现自己的劳动力所必需的东西。"①

马克思主义经典作家深刻认识到,资本主义社会所鼓吹的政治自由并非资产阶级思想家所标榜的超阶级的、普世的权利,在资产阶级和无产阶级对立的阶级结构中,有产者是国家政治生活的主体,政治自由仅仅是有产者的个人权利,而国家不过是有产者个人权利的体现者和保护者。这在实际上把社会分裂了,把作为个体的无产者、有产者以及作为整体的国家对立起来,把财产所有者的个人权益凌驾于社会整体利益之上;政治自由只能是个体与社会分裂、无产者与有产者对立的基础上孤立的、封闭的权利。

社会主义框架内的政治自由脱胎换骨,经济和社会生活的基础是生产资料的社会主义公有制,因而,政治自由摆脱了少数人垄断社会绝大多数资源并由此垄断了政治生活的结构性和制度性限制,人民对社会财富的共享、共有、共建决定了他们共同享有政治自由的平等权利,决定了政治自由是实现人民当家做主的重要手

---

① 马克思.资本论:第1卷[M].中共中央马克思恩格斯列宁斯大林著作编译局,译.北京:人民出版社,2004:197.

段,而不是少数人谋取个人私利的特权。

政治自由是一种观念的上层建筑,由经济基础决定,又反作用于经济基础。当政治自由适应经济基础的发展要求时,就促进生产力的发展;当它阻碍甚至破坏经济基础发展的要求时,就压迫甚至摧残生产力的发展。

第三节 政治自由与政治权利

自由思想的发展历程始终围绕着"权力"与"权利"的博弈而展开。权力与权利是两个不容混淆的概念:首先,权力主体特定而权利主体不特定。例如,一般而言,所有的公民都享有公民权利,而权力并非任何公民都可拥有。其次,权力内容远不如权利内容宽泛。权力的内容是有限的,严格限于法律的规定,而权利的内容涉及政治、经济、文化以及社会生活的方方面面。最后,权力不可放弃,放弃意味着渎职、违法(情节严重的则为犯罪),其行使程序受到法律的严格限制。权利则除了与人身不可分离的基本权利外,大多可以转让[1]。对于以个人主义为其理论基础的自由主义者来说,更多关注的是如何维护和保障个人的权利,因而所有与自由相关的范畴诸如公共利益、民主、正义等政治哲学概念都是以"权利"为起点,自由的核心范畴是权利。

权利是由自由意志支配的以某种利益为目的的一定的行为自由。马克思主义从历史唯物主义和辩证法的观点出发,阐述了权利的本质:"权利永远不能超出社会的经济结构以及由经济结构所制约的社会的文化发展。"[2]"权利只是人类在尚未以社会整体的形式摆脱自然的约束而获得自由的条件下,通过公共权力的强制力对人与人之间的利害冲突进行调节的历史产物;因而在消灭了私有制及剥削制度的共产主义社会里,权利也将随着公共权力的消亡而退出历史舞台。"[3]

马克思的权利观以整体的、类的、社会的自由代替了资产阶级的抽象的、孤立的、个体的自由。以马克思主义权利观为内核的马克思主义自由观是人类道德的

---

[1] 祁建平.有限政府与权力制约[J].中共贵州省委党校学报,2005(4):35-36.
[2] 马克思,恩格斯.马克思恩格斯选集:第3卷[M].中共中央马克思恩格斯列宁斯大林著作编译局,译.北京:人民出版社,1995:305.
[3] 马克思,恩格斯.马克思恩格斯选集:第3卷[M].中共中央马克思恩格斯列宁斯大林著作编译局,译.北京:人民出版社,1995:12.

完善和精神的解放,是自由发展的最高境界。也正是在此意义上,马克思主义得出这样的结论:个人权利只有与社会根本利益保持一致,才具有正当性、合理性,才能焕发出持久的生命力。

除此之外,各种不同的权利定义可以概括为利益论、选择论、要求论、资格论、权力论和能力论等①。霍菲尔德认为"权利"一词包含要求、特权或自由、权力以及豁免四种情形②。夏勇将权利概念总结为利益、主张、资格、权能、自由五大要素,并认为,"对于一项权利的成立来讲,这五个要素是必不可少的,以其中任何一个要素为原点,以其他要素为内容,给权利下一个定义,都不为错"③。

尽管上述对权利的表述众说纷纭,但不难发现权利的共性:权利的基本要素是利益,利益既是权利的基础和根本内容,又是权利的目标指向,是人们享受权利要达到的目的(以及起始动机)之所在。对此,恩格斯有过一段精辟论断:"卑劣的贪欲是文明时代从它存在的第一日起直至今日的动力;财富,财富,第三还是财富,不是社会的财富,而是这个微不足道的单个的个人的财富,这就是文明时代的唯一的、具有决定意义的目的。"④

在人类历史发展的长河中,围绕着政治哲学的发展,出现了四种类型的权利形态:自然权利(天赋权利)、道德权利、习惯权利、法律权利(法定权利)。随着政治哲学的历史性发展,四种类型的权利形态分化成两种性质的权利观:消极权利和积极权利。人的生命、自由和财产权是消极的,它要求他人不得随意剥夺任何人的生命、自由和财产权。积极权利(发展权、受教育权、福利权等)则要求外界采取积极步骤给个体提供财产、维持生命的资源或实质性的行使自由权的条件。不干涉他人与积极为他人的行动创造条件就是消极权利与积极权利的区别,这一划分基本上是沿袭消极自由与积极自由的区别而展开的。关于消极权利的原则并不能排除人们追求普遍的积极权利的努力。自由主义本身也经历了认识上的发展过程,从古典的消极自由权利到普遍人权的肯定是一种历史的进步。第二次世界大战中纳粹和法西斯主义对人类基本尊严的肆意践踏为人们确立普遍人权敲响了警钟。

---

① 常健.当代中国权利规范的转型[M].天津:天津人民出版社,2000:12-18.
② 米尔恩.人的权利与人的多样性:人权哲学[M].夏勇,张志铭,译.北京:中国大百科全书出版社,1995:118.
③ 夏勇.人权概念起源[M].北京:中国政法大学出版社,1992:144.
④ 冯宇.权利与权力的互动与制约[J].党史文苑,2006(8):62.

"二战"结束后,联合国成立,其在1948年12月10日的全体会议上通过了《世界人权宣言》,这是人的权利概念从消极权利向广泛的积极权利扩展的标志性成果。过去的自由主义者强调的是消极权利,即针对政府职能提出的,它只是保障自由和安全的法律秩序的维护者,在此之外并不增加其他的公共和集体行动,而此时则开始转向更积极的政治行动。这就在公民权利中增加了经济和社会权利的丰富内容[①]。

第四节 政治自由与人性发展

政治自由的主体、根据、标准和归宿是政治社会中的人,政治自由的生产者、实现者和享有者也是政治社会中的人[②]。"人自身的善也就是政治科学的目的"[③],这就是人类永恒地追问政治对人的价值以及政治正当性的最根本原因。政治自由、政治民主、政治平等、政治权利、政治秩序、政治正义是政治主体在政治实践活动中的结果与创造物,在实践活动中进行创造的依据是政治主体的人性存在,是政治人维持自身存在与提升的人性内容与人性规定,这些人性内容与人性规定径直成为政治价值,即成为生产实践与政治实践的主体价值尺度[④]。

一、人性自由的局限性

人性的不完备性,使得人类从理性的锚地出发去寻求自由,得到的却是强制。在一篇长期被人忽视的作品《自由立于希望与恐惧》中,伯林对人性在能力与道德上体现出的不完美性进行了深入剖析。伯林指出,这种不完美性恰恰体现了人性自由的局限性。

针对知识与理性的关系,古希腊的哲学家提出,"你将知晓真理,真理也将使你自由"[⑤],古希腊智者坚持:"不管外在条件如何,人都能实现完全理性的自我控制……他们还加上一个乐观的信条:任何自觉寻求独立与自主的人从原则上都可以达到

---

① 顾肃.自由主义基本理念[M].北京:中央编译出版社,2003:77.
② 田志文.马克思主义理论视域中的政治价值研究[D].南京:南京航空航天大学,2010:89-90.
③ 史蒂文森.人性七论[M].袁荣生,张蕙生,译.北京:商务印书馆,1994:5.
④ 田志文.马克思主义理论视域中的政治价值研究[D].南京:南京航空航天大学,2010:89-90.
⑤ 伯林.自由论:《自由四论》扩充版[M].胡传胜,译.南京:译林出版社,2003:286.

充分的自我实现,也就是避免成为他无法控制的外在力量的玩物。"①在这里,古希腊哲学家将知识等同于理性,将理性等同于自由。近代英国哲学家培根提出的"知识就是力量"沿袭了这一思想。但是,伯林反驳了这一论调,指出,人"在某一方面能力与自由的增加,可能以其他方面能力与自由的减少为代价"②。比如,理性的增加可能会使作家丧失进行创作所需的想象,反思可能毁灭不依赖思维的灵感,摆脱无知也许会阻碍奇迹的发生等等。"正如卢梭与其他人认为的:文化的发展可能抑制野蛮人天真无邪的快乐。"③因此,知识的增加可能会在某种程度上增进理性、增进自主,但不能认为自由的总量必然增加。"如果所失大于所得,那么它有可能减少自由的总量。"④"自由的程度取决于行动的机会,而不取决于有关这些机会的知识。"⑤

伯林一再强调的自由是指"选择的机会"层面上的自由。"自由意味着能够不受强制地做选择;选择包含着彼此竞争的可能性——至少两种'开放的'、不受阻碍的候选项。"⑥关键在于,这种自由是构成人类本质的一个重要方面,"是人区别于所有非人存在物的主要特征"⑦。

与此同时,伯林指出了一个有悖常理⑧的观点:人在不同方向上进行选择的必要性来自两个方面:其一,人类能力的局限性,这意味着自由与行使自由的条件大相径庭。其二,直接表征人类能力的知识具有不完善性。没有人先知先觉,确切知道该如何行事时才是正确的。不同的人会有不同的选择,正如一千个观众有一千个哈姆雷特。如果我们在决定该如何行事时已经掌握了对这件事的完备的知识,那么,理性的人也就没有必要了。所以,"选择的观念本身反而依赖于知识的不完善,即一定程度的无知"⑨。借穆勒之口,伯林又一次强调了这样的观点:"把人与其他自然事物相区别的,既非理性思想,也非对自然的控制,而是自由选择与自由

---

① 伯林.自由论:《自由四论》扩充版[M].胡传胜,译.南京:译林出版社,2003:287.
② 伯林.自由论:《自由四论》扩充版[M].胡传胜,译.南京:译林出版社,2003:290.
③ 伯林.自由论:《自由四论》扩充版[M].胡传胜,译.南京:译林出版社,2003:313.
④ 伯林.自由论:《自由四论》扩充版[M].胡传胜,译.南京:译林出版社,2003:290.
⑤ 伯林.自由论:《自由四论》扩充版[M].胡传胜,译.南京:译林出版社,2003:310.
⑥ 伯林.自由论:《自由四论》扩充版[M].胡传胜,译.南京:译林出版社,2003:308.
⑦ 伯林.自由论:《自由四论》扩充版[M].胡传胜,译.南京:译林出版社,2003:307.
⑧ 老生常谈的观点:无知堵塞道路,知识打开道路。
⑨ 伯林.自由论:《自由四论》扩充版[M].胡传胜,译.南京:译林出版社,2003:292.

试验。"①人类的本质在于自由选择,这是因为人类本性之中的能力的有限性。

在道德上,人也是不完美的。尽管在现实生活中,主动放弃选择的现象比比皆是:"因为选择包含责任,而有些人在大多数时间、多数人在有些时间希望逃避这种责任,于是,就存在着找借口与辩解的倾向。"②但是,无论如何,选择的自由、最低限度的消极自由,是人必须要有的,"是人之为人的要素的一部分"③。"不管多么不同寻常,都必须包含我所说的最低限度的'消极'自由。"④没有了它,在道德或法律意义上,人就不成其人。放弃选择、逃避责任,充分说明了人性的自利,也同时告诫我们不要对人性抱太高的期望,而应持一种谨慎的态度。

正是由于人性的不完美——能力和道德上与生俱来的有限性,决定了政治自由不能无限地扩展。伯林指出:"我们不可能拥有一切,这是个必然的而不是偶然的真理。"⑤与此同时,伯林抛给了我们一个问题:不完美的人怎能创造完美的世界?"从扭曲的人性之材中,造不出直的东西"⑥,答案就是放弃寻求答案,人类必须拥有在各种同样值得追求、同样终极的价值之间进行选择的机会。生活的不完美性不证自明。但每一个人拥有选择的机会本身就是人类最宝贵的东西。

二、追求自由是人性使然

人性,即人的天性、本性。个体向往自由——也就是说,他们想为所欲为,不受他人的羁绊,不愿受别人的强制去做自己不愿意做的事情——不受强制这种自由是人们随时准备去捍卫的一个主要目的和价值,这一目的的实现,是过上大多数人想过上的那种生活所不可或缺的⑦。穆勒宣称:自由就是一个人随心所欲地塑造个人生活的权利,去创造他们尽可能丰富多样地发展他们天性的环境。⑧卢梭则指出:"放弃自由,就是放弃人的资格,就是摈弃人的权利,甚至摈弃人的义务……

---

① 伯林.自由论:《自由四论》扩充版[M].胡传胜,译.南京:译林出版社,2003:284.
② 伯林.自由论:《自由四论》扩充版[M].胡传胜,译.南京:译林出版社,2003:290.
③ 伯林.自由论:《自由四论》扩充版[M].胡传胜,译.南京:译林出版社,2003:245.
④ 伯林.自由论:《自由四论》扩充版[M].胡传胜,译.南京:译林出版社,2003:233.
⑤ 伯林.自由论:《自由四论》扩充版[M].胡传胜,译.南京:译林出版社,2003:243.
⑥ 伯林.自由论:《自由四论》扩充版[M].胡传胜,译.南京:译林出版社,2003:244.
⑦ 伯林.自由及其背叛[M].赵国新,译.南京:译林出版社,2005:29.
⑧ 伯林.自由及其背叛[M].赵国新,译.南京:译林出版社,2005:5.

这种放弃与人的天性格格不入。"①

在近代西方思想家们悬设的"自然状态"中,自由的人性是一种自然的存在。"我看到他在橡树下饱餐,在随便遇到的一条河沟里饮水,在供给他食物的树下找到睡觉的地方,于是他的需要完全满足了。"这是"一种完备无缺的自然状态,他们在自然法的范围内,按照他们认为合适的办法,决定他们的行动和处理他们的财产和人身,而无需得到任何人的许可或听命于任何人的意志"②。人人有思想,有情感,有私有财产,生活在无拘无束的自由中。理性和人权得到充分的张扬,人成为自然界的一部分,人们享受着"自然权利"的同时又受到自然法的支配。那里没有私有财产,没有阶级、压迫和不平等,没有共同的善恶标准,人们"自我保存"和追求利益。自由成为自然的法则,向人们的天性和理性言说着神圣不可侵犯的原则。

三、社会性是政治自由的生产依据

人的社会性是人性的本质规定,"人只有在其他人中间才能成为其人"。"人注定要在社会中生活;如果他离群索居,他就不是一个完整的人,他就会与自己的天性发生矛盾。"③只有在群体中生活,人类生活才能被精确、深刻地描绘。"我们通过与同伴的合作才能满足的不仅有食物、居所和衣物的需求,还有不断拓展的以文明进步为标志的需求。"④"个人的生活和福利以及他的权利的定在,都同众人的生活福利和权利交织在一起,它们只能建立在这种制度的基础上,同时也只有在这种联系中才是现实的和可靠的。"⑤人的社会性限定了政治自由生成的社会路径与社会样态。

人的社会本质是与人的个体性相对应的现实力量,马克思指出:"人的本质是人的真正的社会联系,所以人在积极实现自己本质的过程中创造、生产人的社会联系、社会本质,而社会本质不是一种同单个人相对立的抽象的一般的力量,而是每

---

① 伯林.自由及其背叛[M].赵国新,译.南京:译林出版社,2005:33.
② 洛克.政府论:下篇:论政府的真正起源、范围和目的[M].叶启芳,瞿菊农,译.北京:商务印书馆,2009:5.
③ 伯林.自由及其背叛[M].赵国新,译.南京:译林出版社,2005:69.
④ 里普森.政治学的重大问题:政治学导论[M].刘晓,等译.北京:华夏出版社,2001:26.
⑤ 黑格尔.法哲学原理[M].范扬,张企泰,译.北京:商务印书馆,1982:198.

一个单个人的本质,是他自己的活动,他自己的生活,他自己的享受,他自己的财富。"①政治实践中,我们必须否定和扬弃所有同人的个体性相对立的抽象的力量。

人的社会性是具体的、历史的,在生产力与生产关系的辩证运动中动态发展、螺旋上升。人的实践活动是生成人的社会性的现实土壤,要推动人性之存在发展,必须通过社会形式和社会路径来进行社会实践。米切尔·兰德曼说:"人较动物而言,在本质上是非决定的。此即人的生命并没有遵循事先决定的路线,事实上自然只是使人走完了一半,另外的一半尚待人自身去完成。"②这就告诉我们,与人性的自然属性相对应的另一半——社会属性是在社会实践中产生、发展和完善的。透过人的社会实践本质及其结果——"人的社会性存在",我们可以摸索出人性发展的规律,并由此作为一种应然导向,"指示我们"在现实政治生活中"应当干什么"。人的社会性是政治自由的产生依据。

可见,政治自由是人性之存在的政治规定,在本质上体现政治主客体间的利益关系与价值关系,这种社会关系是由社会实践中人与人的博弈并通过政治权力系统的转换而形成的。

其一,政治的本质是权力关系,且以暴力为后盾,必然会对人性的形成和发展产生重大影响。政治虽可抑制人性恶,但也会蜕化为一种压迫人性的工具。政治对人性的作用是不是压迫,取决于它是促进还是阻碍人性的发展和完善,而不取决于它对人性的制约。因此,政治对人性的影响是双重的:当它适应生产力的发展要求时,它就促进人性的发展和完善;当它阻碍甚至破坏生产力发展的要求时,它就压迫人性甚至摧残人性。

在政治社会中,社会资源的分配主要是由政治权力来决定的,政治权力通过权力体系调节社会资源,从而影响人性的发展方向和完善程度。资本主义制度之所以把人变成"单向度"的人,使"工人畸形发展,成为局部的人,把工人贬低为机器的附属品,使工人受劳动的折磨,从而使劳动失去内容"③,就在于资产阶级掌握政治权力体系,通过调控权力体系使得本阶级的利益最优化,造成社会的分层和断裂,

---

① 马克思,恩格斯.马克思恩格斯选集:第1卷[M].中共中央马克思恩格斯列宁斯大林著作编译局,译.北京:人民出版社,2005:24.
② 兰德曼.哲学人类学[M].彭富春,译.北京:工人出版社,1988:8.
③ 马克思.资本论:第1卷[M].中共中央马克思恩格斯列宁斯大林著作编译局,译.北京:人民出版社,2004:743.

从而影响了"类"的人性的发展和实现。对此,罗尔斯指出,社会基本结构的各种制度具有深刻而长远的社会效果,并在一些根本方面塑造着公民的品格和目的,亦即塑造着他们所是的和渴望成为的那种个人。①

其二,从政治的作用来看,古希腊的赫西俄德认为,政治的作用有两个:一是保障人类的安全;二是对人类本性中兽性的驯化。他把政治国家喻为所谓的驯兽所就是这个意思。"政治驯化人类灵魂中的兽性,向人提供安全,否则人类就会自我毁灭,所以政治的要义就是驯兽,就是人的自我教化,这是政治的第一原则——安全原则。"②而在柏拉图那里,政治除了驯服人性中的兽性以外,还有一个人性的提升过程,即引导人向善。按我们现在的话来说,除了保障人的安全外,还要促进人的发展。但这种提升不会自动实现,人需要被强制才能进入最高的知识,柏拉图关于洞穴的比喻就说明了这一点。因此,政治的强制有比满足人的安全更高尚的目的:"政治的首要的也是最低的目标乃安全,这是政治的第一原理;其次是德性原则,政治关心人的灵魂,并通过对人类灵魂的教化达到人类安全,正是在灵魂的教化中,人追求着崇高且逐渐使人性卓越,此为政治的第二原理,也是最高原理。因此,政治既照料人的身体,也照料人的灵魂;人类政治或自由就是人相对于神的独立自治。"③

其三,从政治的属性来看,政治是人性赖以形成的社会条件。一方面,任何政治活动都具有社会性,恰如孙中山先生所言,政是众人之事;另一方面,任何政治活动都具有阶级性,政治在阶级社会中对统治阶级的影响一般都是促进人性的发展和完善,对被统治阶级则是压迫性的。人性的阶级性是由经济基础决定的,同时受制于生产力与生产关系的辩证运动。当生产关系符合生产力的发展要求时,它会促进人性的发展和完善;当生产关系不符合生产力的发展要求时,它就会压迫人性。不能"隔离"阶级性来抽象地谈人性的发展。

政治思想家们主张通过政治的力量来规范人们的生活,但他们对政治的作用的看法与古代完全不同。古代政治思想家对政治的看法完全是积极的,即把理性

---

① 罗尔斯.政治自由主义[M].万俊人,译.南京:译林出版社,2000:71-72.
② 肖厚国.自然与人为:人类自由的古典意义:古希腊神话、悲剧及哲学[M].上海:华东师范大学出版社,2006:5.
③ 肖厚国.自然与人为:人类自由的古典意义:古希腊神话、悲剧及哲学[M].上海:华东师范大学出版社,2006:7.

作为政治的本质,因而把政治看成是对人性的完善,彰显道德的教化功能,使得政治与道德息息相关。中世纪,在神学统治下的基督教尽管也看到了政治中恶的因素,但他们认为这种恶不是权力之恶,权力本身是无辜和良善的。资本主义思想家则看到了:"各政治系统中总是贯穿着一种严酷的、严格限制着个人自由的权力关系;而在政治系统之间表现出来的,则是超越了个人主观的思想和愿望的冷酷的对利害关系的算计,它以理性之名发挥着作用。"①

总的来说,在阶级社会中,政治是人性赖以形成的社会条件,其对人性的影响是巨大的,对人性影响的方式和途径也是多方面的。它们共同作用于人性,塑造了人性的具体面貌,影响人性的表现方式和发展方向。然而,必须看到,政治对人性的反作用是以人性对政治的决定作用为前提的。无论政治对人性的影响多大,也不管政治在塑造人性上是多么的成功,它都只作为人性发展的一种手段而起作用。如果把马克思所言"人创造环境,环境也创造人"割裂开来,片面强调政治对人性的作用,事情就会走向它的反面。因为"不论环境的影响多么重要,我们一定不能忽略这样一个事实,即各个人从一开始就是很不相同的。即使让所有的人都在非常相似的环境中长大,个人差异的重要性也绝不会因此减小"②。

第五节 政治自由与道德原则

人具有社会性,也具有道德性,道德性实质上是社会性的延伸。古希腊的亚里士多德就曾经指出:"人类所不同于其他动物的特性就在于他对善恶和是否合乎正义以及其他类似观念的辨认。"③道德渗入政治,使政治主体追求善政与良善的政治生活,通过道德的渗透与浸润把政治这个"必不可少的恶"改造成为"结果善"。道德进入政治为政治体系注入了向善而生的价值目的与发展动力,从而产生、成形、发展了政治共同体生活的实践判准——政治价值。这种肯定性效用经过政治主体的理性反思与政治主体实践的现实肯认而逐渐凝练成为政治社会和政治主体

---

① 加藤节.政治与人[M].唐士其,译.北京:北京大学出版社,2003:2.
② 哈耶克.自由宪章[M].杨玉生,冯兴元,陈茅,等译.北京:中国社会科学出版社,1999:127.
③ 亚里士多德.政治学[M].吴寿彭,译.北京:商务印书馆,2009:8.

之间价值关系的应然追求与实践判准①。

从政治本身的特点来看,政治不可能是自治的领域,在政治社会与政治生活中,道德规范的存在如同法律法规一样,具有同等重要性。"政治不可能是自治的领域,即使严格的道德原则不能运用到政治上,政治也不能完全摆脱道德和宗教的审视,连纳粹也知道这点,所以要对他们无所顾忌的行为作出冗长的解释,还要发明许多委婉说法来掩饰他们的罪行。"②

因此,政治自由作为一种政治之善,其之所以产生的道德状态、之所以追求的道德价值、之所以存在的道德标准共同建构、诠释了政治自由的道德向度。

一、政治自由之道德状态

在政治社会的异质的利益主张与价值偏好之相互作用、相互冲突的过程中,如果道德无法把这种矛盾与冲突控制在秩序范围内,那么政治主体必然会自觉或不自觉地寻求一种公共性的强制控制系统,这就是以权力为中心的政治机器体系。政治机器体系是在生产方式发展的基础上为维护政治主体、巩固政治主体之间价值关系而被创造出来的政治工具与政治形式,是政治社会的强力控制机制。③权力是政治机器体系的核心,然而,由于人性的不完善,权力的被滥用应当成为一种必然。由此,休谟指出:"许多政治家已经确立这样一项原则,即在设计任何政府制度和确立该制度中的若干制约和监控机构时,必须把每个成员都假定为一无赖,并设想他的一切作为都是为了谋求私利,别无其他目的。"④西方社会在政治制度设计的过程中必然考虑"无赖假设",并在这种人性假设基础上,对权力加以制约,从而促使政治机器体系对政治主体的生存与发展发挥肯定性效用。如此,以权力为中心的政治机器体系即被赋予了道德内涵,"本身并不自足,并不是目的;它是走向一种极遥远也极高明的道德状态的途径或方法"⑤。

事实上,自从人类步入政治社会以后,政治机器一直发挥着正反两方面的作用:一方面,政治机器使人类聚合在一起,共同对付神秘莫测的自然力,并调控人类

---

① 田志文.论政治价值的道德向度[J].云南社会科学,2010(1):30-33.
② 德鲁里.列奥·施特劳斯与美国右派[M].刘华,等译.上海:华东师范大学出版社,2006:108.
③ 田志文.论政治价值的道德向度[J].云南社会科学,2010(1):30-33.
④ 休谟.休谟政治论文选[M].张若衡,译.北京:商务印书馆,1993:27.
⑤ 胡传胜.至治与牧民:中国传统政治理想[J].南京社会科学,2007(12):61.

社会的全局性利益,从而使政治机器产生了促进政治主体生存与发展的肯定性效用;另一方面,政治机器一旦诞生,便自我强化、自我发展,呈现出相对的独立性和自主性,从而成为压迫与奴役政治主体的强大力量。政治机器的异化为人类带来了巨大的苦痛,导致了人类历史上的血腥暴政、残酷压迫与无尽的政治纷争。人类发展的沧海桑田表明:历史的多舛、人类的苦难无不与政治机器的罪恶息息相关。正如莱斯利·里普森所言:"贫穷、无知、失业、专制和战争,这些折磨着人类最糟糕的灾祸,它们的破坏大大超过天灾,如飓风、地震或是火山爆发。"①法国学者路易斯·博洛尔在《政治的罪恶》一书中指出:"在人类社会生活中,最大的犯罪者莫过于政治上的犯罪者。政治上的犯罪者往往通过他们的野心、贪婪和争权夺利煽起人们之间的不和与仇恨,由此导致的灾难没有任何其他罪行导致的灾难能与之相匹敌。被法院判决的普通的犯罪者虽然杀人抢劫,但受害者人数很少,他们对社会造成的危害尚被限制在一定的程度,而政治上的犯罪者动辄杀戮千百万人,伏尸百万,流血千里,受害者不可胜数,对社会造成的危害非常巨大,最终会导致整个国家和民族的彻底败坏和毁灭。"②有学者断言:"在我们的时代,人类命运的含义是通过政治话语来昭示的。"③

二、追求自由之道德价值

作为实践政治主体的人——在争取政治自由的过程中既可能做好事,也可能做坏事;既可能走上正确道路,也可能走上错误道路。如果不自由,这种区分就毫无意义,不自由意味着可以不负责任,自由意味着可以在不受强制的情况下自由选择,当然,这种选择意味着人要对自身的行为负责,可见,在自由旗帜下的自由选择必然饱含着人类共同追求的正价值④。如此,从应然层面讲,政治自由的实现与道德的实现一样,都有赖于主体的理性力量。一旦道德渗入政治自由,形成具有政治性质的道德价值,追求自由便如同追寻美德,促使人性的提升,饱含道德的政治自由便成为生产实践与政治实践的主体价值尺度。

---

① 里普森.政治学的重大问题:政治学导论[M].刘晓,等译.北京:华夏出版社,2001:4-5.
② 博洛尔.政治的罪恶[M].蒋庆,王天成,李柏光,等译.北京:改革出版社,1999:原著者序:Ⅰ-Ⅱ.
③ 米诺格.政治的历史与边界:英汉对照[M].龚人,译.南京:译林出版社,2008:1.
④ 这里的正价值指政治自由、政治民主、政治公平、政治正义等政治理念。

政治自由对于道德价值的追求同时也赋予了政治工具相应的人文内涵。作为对良善政治生活的追求,政治自由的实现除了依靠理性力量与精神力量之外,还要依靠相应的物质力量,包括国家、团体、组织、制度、法律等政治工具。这就是说,政治工具只有契合道德之善,才能具有本真的政治价值,它们才能从"统治社会、压制社会的力量变为社会本身的生命力"①,才能使"个人本身能够驾驭外部世界",实现"个人的全面发展"②。

政治发展的真实历史表明,在特定的历史时代,自由的异化所带来的"背叛"远远超过自由本身所带来的人类福利,人类政治史"充满着不文明的、肮脏的和令人恐惧的政治游戏"③。这是政治自由对人性发展的否定性效用,正因为如此,"即便到了 20 世纪下半叶,在英美,政治哲学的学术活动在多数人看来也是属于道德哲学或其一个部分"④。政治自由的道德价值使人类对政治正当性的追问成为一种常态,这种追问与反思可以有效地维护政治自由的道德价值。

三、政治自由之道德追求

道德是社会制定或认可的关于人们具有社会效用的行为应该而非必须如何的非权力规范⑤。道德的功能在于维护社会生产与生活秩序,促进社会的生存与发展。与此同时,社会本身是一个既具体又抽象的概念,社会的抽象性在于没有一个叫社会的实体,但社会无处不在;社会的具体性在于社会由无数个真实的个体组成,其存在与发展最终体现为每一个个体的生存与发展。因此,在政治社会中,政治自由的主体、根据、标准和归宿最终会落实到政治社会中的具体的个人,政治自由的生产者、实现者和享有者也是政治社会中的具体的人,这既是人类永恒地追问政治对人的价值的根本原因,也是道德的产生与存在务必要归于每一个个体的利益与幸福的重要因素。

---

① 马克思,恩格斯.马克思恩格斯选集:第 3 卷[M].中共中央马克思恩格斯列宁斯大林著作编译局,译.北京:人民出版社,1995:95.
② 马克思,恩格斯.德意志意识形态:节选本[M].中共中央马克思恩格斯列宁斯大林著作编译局,译.北京:人民出版社,2003:330.
③ 胡传胜.至治与牧民:中国传统政治理想[J].南京社会科学,2007(12):61.
④ 韩水法.什么是政治哲学[J].中共中央党校学报,2009(1):28.
⑤ 王海明.伦理学原理[M].北京:北京大学出版社,2001:65.

政治自由既是政治主体在政治实践活动中的价值追求,也是实践活动的结果与创造物。马克思说:"人在生产实践中,他不仅使自然物发生形式变化,同时他还在自然物中实现自己的目的,这个目的是他所知道的,是作为规律决定着他的活动的方式和方法的,他必须使他的意志服从这个目的。"①在实践活动中,政治自由既是政治人维持自身存在与升华人性的内容与规定,同时,这些具体的内容与规定也升华为政治自由的道德追求,成为生产实践与政治实践的主体价值尺度。正因为如此,在现实政治实践中,马克思才把"人的自由而全面的发展"当作政治发展与社会发展的最高价值理想与道德追求。

四、政治自由之道德标准

政治生活是人类社会生活的特殊领域,道德渗入政治,意味着"政治回归政治,拒绝屠刀、坦克、手铐的介入"②,意味着"让投票代替战争、政变和革命,让选票代替子弹,以点人头代替砍人头的方式决定谁成为掌握者"③。道德是社会行为的标准,一方面规定着政治主体的政治行为及其道德维度,要求政治主体在诉求政治权利、表现政治行为时应当具有相应的义务、职责和使命;另一方面,道德规定着政治机器体系发挥效能的界限,并为政治自由的产生、发展、变迁提供道德辩护和道德判准④。

由政治自由的道德状态、道德价值、道德追求所决定,政治自由要成为现代政治文明的基本要素,必须合乎道德的判准。道德是政治自由能否真实存在的标准。这就要求政治主体反思、追问政治自由的道德性,反思、追问政治机器体系的正当性、向善性,反思、追问政治社会与政治生活的向善性。

在现实政治中,存在着许多异质、不可通约甚至相互冲突的政治价值标准和目标,这些标准和目标是否具有正当性与向善性,主要依据是看它们是否符合人类的生存与发展的道德目的:符合则为善政,必然蕴含政治价值;反之,则为恶政,必然被文明政治所唾弃。"这个最高的统一的价值标准就是人类的生存和发展。这个

---

① 马克思,恩格斯.马克思恩格斯选集:第1卷[M].中共中央马克思恩格斯列宁斯大林著作编译局,译.北京:人民出版社,1995:202.
② 丛日云.西方文明讲演录[M].北京:北京大学出版社,2011:26.
③ 丛日云.西方文明讲演录[M].北京:北京大学出版社,2011:26.
④ 王岩.政治哲学论纲[J].哲学研究,2006(1):77-84.

标准可以被视为一个普遍的价值公理……"①

20世纪以来的两次世界大战为人类心灵留下的政治创伤至今还未弥合；政治依然在战战兢兢，局部战争的政治"雾霾"不时存在；政治尚未远离血腥，与爱相伴；政治机器的暴政性生成倾向尚未被完全抑制。因此，政治文明的道路上，政治主体的一个极为重要的任务就是：规范政治机器、给政治机器体系输入道德标准，使政治多一些轻松、活泼、愉悦、舒畅，成为促生存、谋发展、要幸福的向善政治生活的体系。

第六节　政治自由与法治精神

法治是对个人权利的保障。个人权利是自由大厦的根基，也是它的目的。法治对政治自由的保障体现为两个方面：其一，法治为政治自由的实现提供具体的现实的法律保障；其二，法治是对政治权力体系的刚性约束，排除因政治权力滥用而引起的压迫和奴役，确保政治自由的实现。

一、对自由的限制换得了对自由的保障

政治自由的实现往往要受到两个方面的干扰：其一，部分公民在追求政治自由的过程中，随心所欲，逾越界限，造成了对他人政治自由的侵犯；其二，由于政治自由与政治权力体系关系紧密，因此，政治权力体系的作为有可能会挤压政治自由的空间。规范政治自由的目的是为了保障政治自由的良性发展。正如赫费所言："自由的限制换得了自由的保障，对自由的放弃回报以对自由的权利的要求。"②

公民对于政治自由的追求是推动、促进政治文明的重要原动力和驱动力，每个公民都希望在政治生活中享有更多的自由，成为政治生活的"主人"。但是，每个人享有自由都要以不侵害他人同等政治自由为前提，以不破坏提高社会整体发展为前提。因为每一个人既是政治自由的享有者，也是政治自由的建设者，只有每个人的自由同其他一切人的同等自由相匹配，能共存，才能谋发展，促和谐，人人都享

---

① 马德普.社会主义基本价值论[M].北京：中央编译出版社，1997：33.
② 赫费.政治的正义性：法和国家的批判哲学之基础[M].庞学铨，李张林，译.上海：上海译文出版社，2005：272.

有自由。法治为公民政治自由规定了相应的内容及限度,使得政治自由受到社会秩序与社会规范以及他人同样需要的制约。"权利是把每一个人的自由限制在个人自由与个人自由之间达到调和境界的条件上的,只要每一个人的自由能依照一个普遍法则,则这境界便可以达到。"①

在现实社会中,法治不仅规定了公民政治自由的基本界限,而且也为防止公共权力侵犯政治自由提供了解决路径。公共权力对政治自由的侵犯呈现出"合法性"特征,这使得被公共权力侵犯了的政治自由"哑巴吃黄连,有苦说不出"。阿克顿说:权力导致腐败,绝对的权力导致绝对的腐败。尤其在一个相对于国家、政府而言个人处于弱势地位的社会中,权力有可能成为一种腐蚀剂、一个大染缸。缺乏有效的监督和制约的权力使得人性的缺陷被加倍地放大。所以,一些西方思想家认为公共权力(国家)"尽管是必要的,但却必定是一种始终存在的危险或者(如我斗胆形容的)一种罪恶"②。西方文明强调通过法治协调个人自由与公共权力的矛盾关系,避免政治自由遭到公共权力的威胁。

法治既限制个人的为所欲为,也限制公共权力的随意泛滥,确保政治自由和公共权力的良性互动,承认和维护公共权力的正当性,排除人为的不适当、不公正的压迫、强制和束缚,进而充分保障公民政治自由的实现。自由的限制换得了自由的保障。

二、政治自由是法治的核心价值

法治产生的重要原因就是能够更好地保证人类自由的实现。因此,体现自由、保障自由、发展自由,成为一切正义法律的精神内核和价值追求。早在古希腊时期,哲学家亚里士多德就指出:法律是"没有感情的智慧,具有一种人治所不能做到的公正性质"③。亚里士多德批判了"人人各行其意愿,人人各如其妄想"的卑劣的自由观念,继而指出:"公民们都应遵守一邦所定的生活规则,让个人的行为有所约

---

① 周辅成.从文艺复兴到十九世纪资产阶级哲学家政治思想家有关人道主义人性论言论选辑[C].北京:商务印书馆,1966:636.
② 波普尔.猜想与反驳:科学知识的增长[M].傅季重,纪树立,周昌忠,等译.上海:上海译文出版社,2005:499.
③ 亚里士多德.政治学[M].吴寿彭,译.北京:商务印书馆,2009:11.

束,法律不应该被看做和自由相对应的奴役,法律毋宁是拯救。"① 这就是说,自由是在法律所许可的范围内追求善的生活,它虽然约束每个人的行为,但是也是自由的保障、自由的延续,这充分体现了法治的价值。

政治自由既是一种政治理念,也是一种政治理想,更是一种实践运动。作为反对封建专制主义的旗帜,政治自由在推动人类政治文明的进程中发挥了重要的作用,做出了重要的历史贡献。大部分早期的资产阶级思想家都关注到用法治激发积极的人性,这是从霍布斯和格劳秀斯到洛克、孟德斯鸠和卢梭,以及康德及其后继者的学说的共同点。伴随着资本主义的发展,西方思想家和改革家希望通过制度的形式将政治自由充分外在化,于是,政治自由不仅与法律有机结合,而且成为法治的核心价值。正如博登海默指出的,"整个法律正义哲学都是以自由观念为核心而建立起来的"②。

在政治思想史上,唯有边沁对自由与法律采取了不可调和的敌视态度。在边沁看来,每一条法律都与自由相对立,而自由受到侵犯就自然会产生痛苦。在他看来,自由具有最简单而显然最广义的含义,它包括做坏事的自由③。在他看来,法律只是具备命令的特性,除了免除受限制的痛苦而增加自由的快乐以外,他看不到法律与人的本性有什么积极的关系。但是,边沁的观点遭到了绝大部分思想家的反对,在政治实践中也显示出其不可取性。

政治自由也是评判法治优劣的重要标志:一方面,法治是否有效保障了每个人的自由权利;另一方面,法律对于公民政治自由的限制,是否遵循了合法性原则,并且最大程度地保障和关怀公民的政治自由。只有充分尊重民意、保障自由的法律,才是正义的法律;只有充分尊重民意、保障公民政治自由的社会,才是一个法治社会④。自由既有"随意",也有准则和限度;法律既是这种准则和限度的表现和保障,也是立法本身的价值旨趣。法治只有确保人类自由本性的充分发挥,才能更好地发挥人类社会的创造力。政治自由是法治的核心价值。

---

① 亚里士多德.政治学[M].吴寿彭,译.北京:商务印书馆,2009:281-282.
② 博登海默.法理学:法哲学及其方法[M].邓正来,姬敬武,译.北京:华夏出版社,1987:272.
③ 鲍桑葵.关于国家的哲学理论[M].汪淑钧,译.北京:商务印书馆,2010:88.
④ 曾宇辉.论法治社会中的政治自由[J].山西师大学报(社会科学版),2006(3):14-17.

第六章

马克思主义政治自由观的社会实践本质

社会实践是马克思主义政治自由观的本质。在马克思主义的范畴体系中,实践是斗争,是革命,是摆脱奴役、反抗压迫,是推翻旧世界、建设新世界,是认识世界与改造世界的统一。

第一节 马克思主义政治自由观的"共同体—个体互构"范式

马克思主义政治自由观以"共同体—个体互构"范式为基础,充分展现了政治自由思想的有机性和生命力。"共同体—个体互构"范式既使得马克思主义的政治自由观呈现出一种独特性,又充分体现了马克思主义政治自由观的鲜明立场和价值诉求;既是深刻理解和总体把握马克思主义政治思想精要的一个崭新视角,也对突破当代中国政治体制改革的瓶颈具有重要的借鉴意义。

一、马克思政治哲学语境中的"共同体"与"个体"

在马克思政治哲学的语境中,"共同体""个体""社会""个人"是一系列相互对应并且极其重要的范畴。马克思从语义学与政治学的双重角度出发,揭示了"共同体"与"社会"、"个体"与"个人"的差异,这种概念使用上的分疏和差异,鲜明地体现了马克思对以往历史观及其相关理论的扬弃,同时形成了以"共同体—个体互构"范式为基础的马克思政治哲学体系。"共同体—个体互构"范式体现了主体与客体、个人与社会的辩证统一。马克思的政治自由观以"共同体—个体互构"范式为平台,呼唤人的主体性,阐明人的"共同体"属性和共同体的有机性。

马克思对诸多概念的甄别和分疏不仅体现了他治学态度的严谨,而且还体现了他对以往一切旧哲学范畴下的历史观的扬弃,这种"有意"的分离和当时德国社会充斥着思辨哲学与伪哲学的氛围密不可分。马克思说:"他们在幻想、观念、教条和想象的存在物的枷锁下日渐萎靡消沉,我们要把他们从中解放出来。"①马克思的"共同体"有三个方面值得关注:

其一,马克思指明了过去的"共同体"的阶级局限性。马克思指出:在过去种种冒充的共同体中,如在国家中,个人自由只是对那些在统治阶级范围内发展的个人来说是存在的,他们之所以有个人自由,只是因为他们是这一阶级的个人。过去的共同体"对于被统治阶级来说,它不仅是完全虚幻的共同体,而且是新的桎梏"②。

其二,马克思强调"共同体"与共产主义紧密相联,这既说明了共同体存在的条件性,同时也说明了"共同体"的政治诉求和价值理想。"在真正的共同体条件下,各个人在自己的联合中并通过这种联合获得自己的自由。"③共同体是共产主义的共同体,共产主义意味着国家和阶级的消亡,因此,共同体超越了私有制条件下虚假共同体的阶级性,具有普遍性和无阶级性特征。

其三,马克思的共同体关注"普遍"的人的生存和发展,探究"一般"的人的基本生存方式,回答在何种程度上,什么样的共同体才能够使人从一种生存状态转向本体上的存在状态(自由的生活),以实现人的自由而全面的发展。

那么,在马克思的政治哲学语境中,"共同体"是否就是"社会"? 显然不是④。当"社会"这一范畴在专业语境中与"市民社会"或资产阶级社会仍有着密切关联时,马克思显然不会随便使用这一概念去标示他眼中的共产主义社会。马克思熟知国民经济学家们对于"社会"概念的理解和用法,因此,马克思强调:"在国民经济学家看来,社会是市民社会,在这里任何个人都是各种需要的整体,并且就人人互为手段而言,个人只为别人而存在,别人也为他而存在。"⑤不仅如此,马克思还明

---

① 马克思,恩格斯.德意志意识形态:节选本[M].中共中央马克思恩格斯列宁斯大林著作编译局,译.北京:人民出版社,2003:63.
② 马克思,恩格斯.德意志意识形态:节选本[M].中共中央马克思恩格斯列宁斯大林著作编译局,译.北京:人民出版社,2003:63.
③ 马俊峰.马克思政治哲学视野下的共同体[J].广西社会科学,2011(4):23-24.
④ 马克思,恩格斯.德意志意识形态:节选本[M].中共中央马克思恩格斯列宁斯大林著作编译局,译.北京:人民出版社,2003:3.
⑤ 马克思.1844年经济学哲学手稿[M].中共中央马克思恩格斯列宁斯大林著作编译局,译.北京:人民出版社,2000:134.

确指出,古典经济学家眼中的社会即资本主义社会不过是人的"社会交往的异化形式",是一种同个体对立的"抽象的东西"。因此,在马克思看来,"社会"只有在社会学语境中强调"社会形态"这一范畴时,才具有普遍意义。在政治学语境中,社会被赋予了和真实共同体相对立的贬义色彩。一言以蔽之,在马克思看来,"真实共同体"又联又合,而"社会"和"虚假共同体"以利益为纽带,要么联而不合,要么合而不联。

马克思对"个体"与"个人"概念的分疏和其对"共同体"与"社会"概念的甄别在思维方法上如出一辙。马克思对于"个体"(或者说单个人)这一概念的使用是与"类"或者与"共同体"抑或与普遍意义上的"社会"、总体等概念相对应。从某种意义上来说,马克思使用"个体"这个概念不仅是要强调个体的社会性——"个体是社会存在物。因此,他的生命表现,即使不采取共同的、同他人一起完成的生命表现这种直接形式,也是社会生活的表现和确证"[①],更重要的是强调个体联合的重要性,"以一种全面的方式,作为一个总体的人,占有自己的全面本质"[②]。

同样的,马克思扬弃了德国古典哲学的遗产,指出"有个性的个人"与"偶然的个人"的差别,"不是概念上的差别,而是历史事实"[③]。德国古典哲学中的"个人"这一概念已被用作具有"自我意识"的个人。而马克思政治哲学中的"个人",既是指在市民社会中感性的、个体的、直接存在的人,也是指在政治国家中"抽象的人、人为的人""法人"。同时,市民社会中存在的个人比在政治国家中存在的个人更为具体、现实,并且构成后者赖以存在的基础。而不论是市民社会中的"个人",还是政治国家中的"个人",实质上都不过是一种"阶级个体"——"他们不是作为个人而是作为阶级的成员处于这种共同关系中"[④]。

如此,马克思通过对一系列概念的分疏与扬弃,逐步形成了其"共同体—个体互构"范式的雏形,这个范式既体现了马克思和包括德国古典哲学在内的一切旧哲

---

① 马克思.1844年经济学哲学手稿[M].中共中央马克思恩格斯列宁斯大林著作编译局,译.北京:人民出版社,2000:85.
② 马克思.1844年经济学哲学手稿[M].中共中央马克思恩格斯列宁斯大林著作编译局,译.北京:人民出版社,2000:85.
③ 马克思,恩格斯.德意志意识形态:节选本[M].中共中央马克思恩格斯列宁斯大林著作编译局,译.北京:人民出版社,2003:66.
④ 马克思,恩格斯.德意志意识形态:节选本[M].中共中央马克思恩格斯列宁斯大林著作编译局,译.北京:人民出版社,2003:66.

学划清界限、批判旧世界、建设新世界的巨大决心,也成为其呼唤无产阶级革命主动性、构筑无产阶级自身解放的强大的思想武器。

二、"共同体—个体互构"范式的体系解析

为了进一步批判德国哲学从"天国降到人间"的思维范式,以及德国的"哲学英雄们"令人啼笑皆非的思想兜售,马克思的"共同体—个体互构"范式以"人间升到天国"的考察方法,追求主体尺度与客体内容、个体发展与共同体发展的辩证统一,展示其科学性以及强大的生命力。

(一) 主体尺度与客体内容的互构

主体尺度是指政治主体依据自身内在的理性判断、现实经验和理想追求,对主客体间的关系进行衡量的尺度和标准。客体内容是指作为政治主体在社会实践中的对象化存在物,政治客体不能离开合乎政治主体内在尺度的客观标准产生、形成、发展的必备内容。政治客体只有合乎政治主体的衡量标准和评判尺度,才对政治主体有价值意义,才能成为政治生活的客观内容,否则,将成为政治主体实践改造的对象。

马克思的"共同体"力图摆脱异化的政治共同体的制约,实现个体的真正自由——也就是对人的本质的全面占有。马克思用"鱼"和"被污染了的水"的关系比喻人与"本质"的分离:河水是河鱼"存在"的"本质",但是一旦河水成为"被污染了的水",就不再适合鱼的生存了,也就不再是鱼的"本质"了①。可见,追求主体尺度和客体内容的辩证统一无疑成为马克思构建真实共同体的应有范式。

马克思的"共同体"既饱含着对个体的生命、自由、财产、尊严等政治价值的维护,也蕴含着对共同体的民主、平等、法治、正义等政治价值的追求。马克思维护的"个体"主要是指在资本主义制度下被资本主义经济、政治体制排斥的广大劳动人民。对弱势群体利益的维护以及对人之本真状态的追求成为马克思扬弃作为资产阶级利益工具存在的"虚假共同体"的最有力的武器。同时,"互构"一词充分体现

---

① 马克思,恩格斯.德意志意识形态:节选本[M].中共中央马克思恩格斯列宁斯大林著作编译局,译.北京:人民出版社,2003:42.

"人的本质客观展开的丰富性、主体性,人的感性的丰富性"①,恰如最美的音乐只有对有音乐感的耳朵才有意义。个体对自身权利的合理诉求和合法扩张不断冲击"虚假共同体"的边界,由此推进真实共同体的发展,使得人以"人的形式"成为"人的本质"。

(二) 个体发展与共同体发展的互构

任何共同体,既是个体存在物,又是"类"存在物,因此,任何共同体必然是"类主体"。"类主体"以自身为尺度存在着"利益"和"价值"的一致性;同时,"类主体"中的多个主体之间又存在着差异性,这就造成了任何共同体内部都有某种程度的冲突性。这种冲突如果得不到有效协约,可能会导致个体间的分化,加速个体的原子化和共同体的碎片化。

事实上,在马克思看来,共同体的"虚假"与"真实"的本质区别在于这些共同体是否将生活于其中的个人的自由发展作为价值诉求,组成这个共同体的个人是否能自由地发挥主体作用。正是在这个意义上,马克思指出私有制条件下共同体的虚伪性在于它维护的是统治阶级的利益,广大劳动者则只有在"自由被埋葬的那一天,在牧羊人的带领下,才能与自由为伍"②。在"虚假共同体"中,利己主义纵横天下,独领风骚。正如德国古典哲学家费尔巴哈所指出的:"没有这种利己主义,人简直不能够生活,因为我要生活,我就必须不断吸取有利于我的东西,而把有害于我的东西排出身体以外。"③因此,这必然导致"每个人不是把他人看做自己自由的实现,而是看做自己自由的限制"。"计算"和"算计"成为个体发展的本能,个体发展与共同体发展无论如何都存在着不可协调的矛盾。

马克思建立共同体的最终目标是实现人的"自由"而"全面"发展。"自由发展"是指每个人的发展不屈从于外在目的,不屈从于强加给他的任何活动和条件;人的发展能为个人所驾驭,个人可以根据自己的意愿自由地从事多方面的活动和发展多方面的能力④。"全面发展"主要是指人的劳动活动和能力的全面发展、人的社

---

① 马克思.1844 年经济学哲学手稿[M].中共中央马克思恩格斯列宁斯大林著作编译局,译.北京:人民出版社,2000:8.
② 马克思,恩格斯.马克思恩格斯选集:第 1 卷[M].中共中央马克思恩格斯列宁斯大林著作编译局,译.北京:人民出版社,1995:3.
③ 费尔巴哈.费尔巴哈哲学著作选集:下[M].荣震华,译.北京:商务印书馆,1984:551.
④ 陈小鸿.论人的自由全面发展[M].北京:人民出版社,2004:369.

会关系的全面发展,也就是人的本质的全面丰富和展开,是对人的本质的全面占有①。马克思认为,共产主义社会"每个人的自由发展是一切人自由发展的条件"。在那里,所有社会成员不仅共同享有富足的物质生活,而且个人的独创性和自由将获得充分的发展和运用。这样的共同体不再是一句空话,是"真实共同体",是现实个体的"诗意栖居"。人只有生活在这种真实共同体中,才能实现"双脚站立",成为合乎人性的人。

三、"共同体—个体互构"的理论品质

马克思的政治自由观以其"共同体"和"个体"互构范式为平台,强调人的"共同体"属性,呼唤人的"主体性",阐明共同体的有机性,并由此指出实现政治自由归根到底取决于处于共同体中的能动的人,共同体以"人对人本质的全面占有"而成为"自由发展""全面发展"的人。

(一) 个体的"共同体属性"

在马克思的政治思想中,反复强调人的"共同体属性"。笔者认为,"共同体属性"和"社会属性"在马克思的政治范畴中是有区分的。这种区分不同于"共同体"与"社会"的区分。马克思强调"共同体属性",一方面强调阶级斗争中个体联合的重要性,为后来风起云涌的工人运动作理论准备。另一方面强调共同体的正能量——"只有在共同体中才能有个人自由"②。这说明了共同体对于个体的重要性,没有共同体,就不可能有真正意义上的个体,当然也不可能有属于个体的政治自由。个体只有在共同体中,才能焕发出生机与活力,才能实现政治自由。马克思强调"社会属性",则主要是为了与德国古典哲学中"孤立的""抽象的"人决裂。马克思在《关于费尔巴哈的提纲》中严肃批判了对人的本质的抽象理解,深刻指出人的本质在其现实性上是一切社会关系的总和。他继而指出:"人是一个特殊的个体,并且正是他的特殊性使他成为一个个体,成为一个现实的、单个的社会存在物,同样,他也是总体,观念的总体,被思考和被感知的社会的自为的主体存在,正如他在现实中既作为对社会存在的直观和现实享受而存在,又作为人的生命表现的总

---

① 王平.对人的全面发展问题的理论思考[J].哈尔滨市委党校学报,2006(4):58-59.
② 马克思,恩格斯.德意志意识形态:节选本[M].中共中央马克思恩格斯列宁斯大林著作编译局,译.北京:人民出版社,2003:63.

体而存在一样。"①

(二) 主体的"能动创造性"

个体自我的能动性和创造性,是政治自由最基础、最活跃、最革命的因素。当个体意识到被强制和被奴役的时候,政治自由只能是一种"枷锁"。正如卢梭所言:"奴隶们在枷锁之下丧失了一切,甚至丧失了摆脱枷锁的愿望;他们爱自己的奴隶状态,有如优里赛斯的同伴们爱他们自己的畜牲状态一样。"②马克思将对个体主体性的呼唤投射到对德国社会现实的无情批判中,他指出,"应当让受现实压迫的人意识到压迫,从而使现实的压迫更加沉重;应当公开耻辱,从而使耻辱更加耻辱","为了激起人民的勇气,必须使他们对自己大吃一惊"③。"向德国制度开火,一定要开火!""批判不是头脑的激情,而是激情的头脑。它不是解剖刀,而是武器。"④真正的政治自由的获得需要人们不断的努力追求,从而从相对走向绝对,从有限走向无限。

(三) 共同体的互动制衡性

"共同体"的有机性在于它的整体性。这种整体性赋予了共同体新的属性,摒弃了资本主义社会逐渐形成的原子化个人以及由此造成的社会的分层和断裂。

共同体在"人的自由而全面发展"的社会理想的旗帜下,自觉形成了与之相符的政治使命感和责任感,同时共同体赋予了个体诸如自由、平等、幸福、尊严等符合人性需求的正价值。在马克思看来,个体在政治活动中,对政治角色、现实政治、政治活动、政治抱负、政治理想都设定了自己的评判价值标准,而且政治自由通过政治主体的政治活动得以实现,为现实政治生活的合法性及有效运作赋予了人权内涵与文明属性。自主的个体摆脱群体依附,迸发出活力、激情和创造力,造就欣欣向荣的政治生态环境;自主的个体在规范的社会环境中对自己的政治态度、政治行为、政治信仰做出选择,从而积极投身政治实践,推动政治发展。

---

① 马克思.1844年经济学哲学手稿[M].中共中央马克思恩格斯列宁斯大林著作编译局,译.北京:人民出版社,2000:84.
② 卢梭.社会契约论[M].何兆武,译.3版.北京:商务印书馆,2003:71.
③ 马克思,恩格斯.马克思恩格斯选集:第1卷[M].中共中央马克思恩格斯列宁斯大林著作编译局,译.北京:人民出版社,1995:5.
④ 马克思,恩格斯.马克思恩格斯选集:第1卷[M].中共中央马克思恩格斯列宁斯大林著作编译局,译.北京:人民出版社,1995:4.

从本质上看,马克思政治自由观的理论主线是围绕实现人类解放这一主题而层层展开的。马克思对政治自由的阐释显示出了鲜明的"共同体—个体互构"意蕴:以现实的处在社会关系中的个体为起点,在追求全人类解放的旗帜下,个体和共同体均被赋予了伦理和道德的正价值,互动、互助、互构。这无疑是对以往所有剥削阶级政治思想的颠覆性重构。基于"共同体—个体互构"方法的政治自由思想,既强调主体利益,又强调主体与客体的平等性和"整体—个体"、"社会—个人"互动性,因而有效地补正了传统共同体主义对个体利益的忽视和自由主义对对象利益的忽视,这同样是马克思主义对以往所有剥削阶级政治思想的扬弃和超越。"共同体—个体互构"的政治自由观的学理框架从个体自身的主体性出发,扩大为人与对象互构的"互主体"均衡发展思想,能够使个体的权益与自由选择得到充分尊重,又能够使所有主体与客体得到和谐发展,从而为推进政治体制改革,实现以人为本的和谐社会架构,提供一个可能是更加基础有效的政治理论路径。

四、"共同体—个体互构"的当代价值

政治自由是社会主义民主政治建设的应有之义。马克思政治自由观的"共同体—个体互构"范式,为加强社会主义民主政治制度建设,推进国家治理体系和治理能力现代化指明了方向。搭建"共同体—个体互构"平台,有利于将作为手段的政治自由与作为目的的政治自由有机结合,有利于社会主义民主政治的可持续发展。

从主体方面看,要彰显公民和党员的主体地位。政治自由以公民主体意识的回归、主体精神的弘扬为途径,以党员权利的保障、责任的到位、能动性的发挥为切入点。由此,务必要改进党的领导方式和执政方式。传统的执政理念和执政模式的一个突出问题,就是缺乏政府治理和社会自我调节、公民自治的良性互动。民主政治建设的理念是个人自由与社会理性的和谐统一,其现代化进程实质是个人权利与公共权利的博弈均衡过程。不难发现,目前民主政治进程中种种诘难和矛盾现象,正是政治生态系统中,"个体"或"共同体"围绕生存和发展权利的博弈。"共同体—个体互构",不可能任凭"个体"自发生成,也不可能完全由"政府"或"社会"给予。这里,很重要的一点,就是不仅仅要通过控制机能将人们往正确的方向推,更是通过满足公民和党员的基本需要来达到目的,即满足人们的成就感、归属感、

自尊感,让他们觉得自己已得到认可,能掌握自己命运,实现自己的理想。

从"互构"渠道看,要健全公民政治参与制度。"政治参与"体现公民参与政治的"合法性","有序"的政治参与既体现公民的政治素质,也是实践政治自由的方式方法。正如排队上公交车一样,如果杂乱无章,你争我夺,既不能保证乘客顺利上车,也不能保证司机顺利开车。公民的主体性因为"无序"会被削弱,政治参与因为"无序"会流于形式,并且成为丛林法则的温床。当前,要健全公民政治参与的制度建设,畅通民主渠道,健全基层选举、议事、公开、述职、问责等机制,开展形式多样的基层民主协商,加强社会组织民主机制建设,保障公民参与管理和监督的民主权利。同时,要充分发挥网络作为公民政治参与渠道的作用。在对待网络政治参与方面,要做到一方面充分发挥网络优势,另一方面要充分看到网络带来的"负效应",防止"成也萧何,败也萧何",要提升网民的道德感、责任感。让网络政治参与进入法治化的轨道。从对象方面看,要强化公民社会的建设。政治自由要改造的对象是现实政治中由于政府与个体间力量的不平衡性而导致的政府"合法压制",具体表现为政治权利得不到保障、政治诉求得不到伸张。公民社会作为独立于个体和政府之外的第三方,可以缓解个体和政府间的张力。从公民社会的物质形态来看,它不以营利为目标,因此,不具备市场性,独立于市场系统之外;从公民社会的精神实质来看,公民社会的运转需要组织系统的自发自愿,也就是说,公民社会内在蕴含着一种责任意识和奉献精神,因为它的服务对象不会对它直接产生效用。因此,这样的组织具有自发性、非营利性、非政府性。建构社会主义公民社会,对于当代中国来说,将给中国政治转型开辟出一条新的路径选择,使政治民主化由上而下的推进转为上下的双向建构和良性互动,为政治自由的发展提供新的路径导向。

第二节　马克思主义政治自由观的建构路径

马克思主义从立场、发展、目标三维建构起系统的政治自由观,是主体发展与客体需要、内在动力与外在驱力的辩证统一。其中,既蕴含了共同体与个体的互动博弈,也饱含了认识世界与改变世界的历史实践。人对对象世界的认识与改造源于某种内在动力和外在驱力。这种建构以现实的"人作为人"的基本需要为参照,通过实践把人导向对象世界,使得对象世界的发展符合主体自身的需要。这是人的"人化"①的过程。

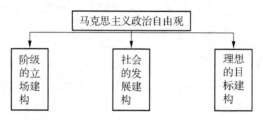

图 6.1 马克思主义政治自由观的建构路径

一、阶级的立场建构

马克思和恩格斯的一生,都是为全人类的幸福事业奋斗的一生。马克思主义的阶级立场是其世界观与方法论的统一,从马克思的点点滴滴的平凡故事、诗歌、文学作品中可见一斑。

1841年3月,马克思结束了博士论文的写作,坚定了自己为全人类的幸福而工作的信念。在博士论文的序言中,马克思借助普罗米修斯②之口表达了自己的心声:

> 你好好听着,我绝不会用自己的痛苦
> 去换取奴隶的服役;
> 我宁肯被缚在崖石上,
> 也不愿做宙斯的忠顺奴仆。③

在1842年10月被聘为《莱茵报》的主编之后,马克思越来越旗帜鲜明地维护劳动群众的利益,这突出地表现在《关于林木盗窃法的辩论》和《摩塞尔记者的辩护》两篇文章中。

在《关于林木盗窃法的辩论》中,马克思指出了现存法律的荒谬性,穷人拾捡枯枝是合乎本能的权利,而不是占有林木所有者的财产,不应把两者混为一谈,若如

---

① 笔者使用人的"人化"这个概念主要是从学术界曾经从马克思、恩格斯关于人与自然关系的基本原理概括出的两个概念"人的自然化"与"自然的人化"中衍生出来的。
② 古希腊神话中的盗火神,无论经历怎样的痛苦和磨难,也不放弃对真理的执着追求。
③ 梁雪影.永不熄灭的圣火点燃者 马克思[M].合肥:安徽人民出版社,2001:42.

此,"法律就是撒谎,而穷人就会成为法定谎言的牺牲品了"①。在《摩塞尔记者的辩护》中,马克思以确凿的数字和具体的事实列举了摩塞尔地区居民的贫困状况,批评政府对此的漠不关心。

在《新莱茵报》即将被停刊,马克思接到勒令,24小时之内务必离开普鲁士之际,《新莱茵报》刊发了一首诗:

> 没有了公开战斗中的公开搏击,
> 只剩下他们对我非难的遁词;
> 用卑鄙偷袭的打击,野蛮的人置我于死地;
> 致命的长矛在黑暗中飞过,
> 埋伏的小人伤害了我;
> 但在这里,
> 我就像死去的反叛勇士,
> 散发着骄傲的威力。②

结尾还写道:

> 无论何时何地,他们的最后一句话始终将是:"工人阶级的解放!"

1852年,共产主义者同盟解体,马克思从活跃的政治领域完全退了出来,马克思一家离群索居,并且陷入极端的贫困之中,"一个星期以来,我已达到非常痛快的地步:因为外衣进了当铺,我不能再出门,因为不能赊账,我不能再吃肉……"③

在饱受流亡之苦、家庭贫困、疾病折磨,先后有4个孩子因饥饿和病痛离开人世之时,马克思说:

> 在科学的入口处,正像在地狱的入口处一样,必须提出这样的要求:
> "这里必须根绝一切犹豫;这里任何怯懦都无济于事"。④

正是站在广大人民群众的立场上,马克思克服流亡、贫困、疾病等极度艰难的生活困境,以其尖锐的、大无畏的思想和行动开始了对自己所生存的资本主义世界

---

① 梁雪影.永不熄灭的圣火点燃者 马克思[M].合肥:安徽人民出版社,2001:48.
② 麦克莱伦.马克思传:第4版[M].王珍,译.北京:中国人民大学出版社,2008:206-207.
③ 麦克莱伦.马克思传:第4版[M].王珍,译.北京:中国人民大学出版社,2008:244.
④ 麦克莱伦.马克思传:第4版[M].王珍,译.北京:中国人民大学出版社,2008:250-280.

无情的批判,表达了对共产主义社会的向往。他是一位斗士,也是一位最正义与最善良的人。他的思想如同但丁一样把灵魂囚禁到地狱之中;他的意志、毅力给了身在困境中与磨难中的人无尽的勇气与鼓励。他是一位思想的巨人、行动的巨人。

二、社会的发展建构

马克思和恩格斯对于未来社会建构的核心理念是自由人的联合体。在1848年发表的《共产党宣言》中,马克思、恩格斯宣布:"代替那存在着阶级和阶级对立的资产阶级旧社会的,将是这样一个联合体,在那里,每个人的自由发展是一切人的自由发展的条件。"①

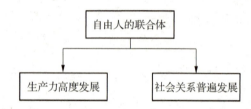

图6.2 马克思主义政治自由观的社会发展建构思路

自由人的联合体表达了两个方面的内涵:其一,在未来的社会中,每一个人是自由的,不存在压迫、剥削、奴役与强制;其二,未来的社会是一个联合体,阶级、国家已经消亡。马克思、恩格斯认为,共产主义社会超越资本主义社会、取代资本主义社会是不可避免的,是人类历史发展的必然规律。建构"自由人的联合体"的要件在于:生产力的高度发展与社会关系的普遍发展。这两者相辅相成,辩证运动。

(一)生产力的高度发展

马克思指出:发展先进生产力是实现人的自由的第一需要,因为"全部人类历史的第一个前提无疑是有生命的个人的存在"②,"当人们还不能使自己的吃喝住穿在质和量方面得到充分保证的时候,人们就根本不能获得解放"③。自由的"思

---

① 马克思,恩格斯.马克思恩格斯选集:第1卷[M].中共中央马克思恩格斯列宁斯大林著作编译局,译.北京:人民出版社,1994:294.
② 马克思,恩格斯.德意志意识形态:节选本[M].中共中央马克思恩格斯列宁斯大林著作编译局,译.北京:人民出版社,2003:11.
③ 马克思,恩格斯.德意志意识形态:节选本[M].中共中央马克思恩格斯列宁斯大林著作编译局,译.北京:人民出版社,2003:19.

想、观念、意识的生产最初是直接与人们的物质活动,与人们的物质交往,与现实生活的语言交织在一起的"①,生产力的高度发展、物质财富的充裕,是实现人的自由联合的最重要的基础,是实现人的自由的先决条件。

在资本主义条件下,生产力高度发展,"资产阶级在它的不到一百年的统治中所创造的生产力,比过去一切世代创造的全部生产力还要多,还要大"②,然而,由于生产资料的资本主义私有性质,资产阶级撕下了罩在家庭关系上的温情脉脉的面纱,导致了阶级对立与工人的贫困。因此,对于无产阶级和人民群众来说,只有占有生产资料,全部占有自己的劳动生产成果,才能实现生产和生活的自主,这种占有是通过联合实现的。这就是自由人的联合体。

在这个联合体中,任何个人,既是个体存在物,又是"类"存在物;在这个联合体中,生活于其中的个人能够自由地发挥其主体作用,联合体成为现实个体的"归属地",个人成为自主的人;在这个联合体中,生产劳动成为直接目的,个人在自己的联合中并通过这种联合获得自由。这个联合体代表了全人类的根本利益和共同意志。

(二) 社会关系的普遍发展

生产力和社会关系是相互协调、相互促进的。先进的生产力孕育了新的生产方式和新的社会关系,先进的社会关系又反过来促进生产力的发展。建立自由人的联合体一方面需要生产力的高度发展,另一方面需要改造现有的生产关系和政治关系,"共产主义的特征并不是要废除一般的所有制,而是要废除资产阶级的所有制"③,重建社会的经济结构和政治结构。

首先,要消灭旧式分工,推翻生产资料私有制,重新建立个人所有制。马克思说,从当前的经济事实出发,"工人生产的财富越多,他的产品的力量和数量越大,他就越贫穷……物的世界的增值同人的世界的贬值成正比"④。生产资料私有制

---

① 马克思,恩格斯.德意志意识形态:节选本[M].中共中央马克思恩格斯列宁斯大林著作编译局,译.北京:人民出版社,2003:16.
② 马克思,恩格斯.共产党宣言[M].中共中央马克思恩格斯列宁斯大林著作编译局,译.北京:人民出版社,1997:32.
③ 马克思,恩格斯.共产党宣言[M].中共中央马克思恩格斯列宁斯大林著作编译局,译.北京:人民出版社,1997:41.
④ 马克思.1844年经济学哲学手稿[M].中共中央马克思恩格斯列宁斯大林著作编译局,译.北京:人民出版社,2000:.

导致劳动异化、阶级对立,劳动者沦为工具,社会劳者不富、富者不劳,形成了一个极度不平等、不自由的黑暗世界。

其次,要确立无产阶级的统治。"工人革命的第一步就是要使无产阶级上升为统治阶级,争得民主"①,因此,必须对资产阶级生产关系进行强制性的干涉,才能实现社会民主,才会有真正的自由。生产关系和社会关系的普遍发展,超越了地域、宗族的限制,不仅极大地促进了人的社会性发展,人与人之间形成更加紧密的相互依存关系,而且社会关系的普遍发展所创造的各种环境条件,使人成为具有世界历史性的人,为人的自由全面发展提供更加宽广的主客观基础。

三、理想的目标建构

(一) 现实目标

马克思主义政治自由理想的现实目标是建设政治文明。政治文明包括政治意识文明、政治行为文明和政治制度文明。它是政治主体在获取、运用和影响公共权力以进行利益分配的政治过程中的文明状态。马克思主义政治自由观是社会主义政治文明建设的理论基础。在马克思主义政治自由观中,蕴含着以人为本、自由平等、公平正义等一系列闪烁着人性光芒的美好理想和制度设计。

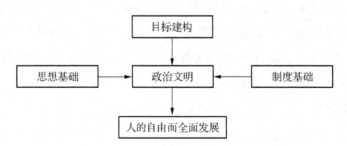

图 6.3　马克思主义政治自由观的理想目标建构思路

1. 建构政治文明的思想基础

(1) 无产阶级的人权观

人权是每个人都拥有或应当拥有的基本权利,是其他所有权利的基础,没有人权,其他权利都无从谈起。人权的本质是人性的基本要求,这种要求在政治上体现

---

① 马克思,恩格斯.共产党宣言[M].中共中央马克思恩格斯列宁斯大林著作编译局,译.北京:人民出版社,1997:48.

为尊重和维护作为个体的人的生命、自由、财产等基本权利,践踏人权就是抹煞人性,摧残人道。马克思、恩格斯批判了以往的全部人权理论。马克思、恩格斯认为,人权从来就不是抽象的、超阶级的,而是一定社会经济关系的反映,封建社会的人权,只不过是封建阶级的特权,资本主义社会的人权,只不过是资产阶级支配、剥削无产阶级的权利。"工商业的制度,人们的私有制和剥削制度正在比人口的繁殖不知快多少倍地引起社会内部的分裂,这种分裂,旧制度是无法医治的,因为它根本就不医治,不创造,它只是存在和享乐而已。"①

不仅如此,马克思指出,资产阶级的人权实践缺乏道德基础,是残暴的极端利己主义的人权。马克思在《英人在华的残暴行动》中指出:"广州城的无辜居民和安居乐业的商人惨遭屠杀,他们的住宅被炮火夷为平地,人权横遭侵犯,这一切都是在'中国人的挑衅行为危及英国人的生命和财产'这种荒谬的借口下发生的!"②因此,马克思号召受欺辱的人民群众看清剥削制度人权的虚伪性,起来斗争与革命,推翻剥削社会,建立共产主义社会,才能最终实现人性全面发展。

(2) 无产阶级的平等观

马克思、恩格斯从商品经济的必然要求上看到了资产阶级平等观的物质基础。马克思指出:"劳动力占有者和货币占有者在市场上相遇,彼此作为身份平等的商品占有者发生关系,所不同的只是一个是买者,一个是卖者,因此双方是在法律上平等的人。"③商品经济的产生和发展必然要求有自由的劳动者,从而在市场上能够平等地和商品所有者发生关系。因此,资产阶级的平等要求是用一定的法律形式来保障资本主义生产所要求的平等。这种要求没有超出商品权利的范围,它所保护的实质上是商品及其所有者的权利。不平等的是,通过这种平等交换的置换,"自由人转化为奴隶,从商品占有者转化为商品"④。如果生产资料条件不平等,每个个体身上的平等是无法真正落实的。

马克思主义的平等观,是无产阶级和广大劳动人民的平等观。马克思主义认

---

① 麦克莱伦.马克思传:第4版[M].王珍,译.北京:中国人民大学出版社,2008:62.
② 马克思,恩格斯.马克思恩格斯选集:第2卷[M].中共中央马克思恩格斯列宁斯大林著作编译局,译.北京:人民出版社,1972:14.(备注:1995版的《马克思恩格斯选集》中没有相关内容。)
③ 马克思.资本论:第1卷[M].中共中央马克思恩格斯列宁斯大林著作编译局,译.北京:人民出版社,2004:195.
④ 马克思.资本论:第1卷[M].中共中央马克思恩格斯列宁斯大林著作编译局,译.北京:人民出版社,2004:195.

为,平等"表明人的本质的统一、人的类意识和类行为、人和人的实际的同一"①。这就是说,在面对自然生存环境条件方面,人类的个体是平等的;在运用生产力方面,是所有个体的本质性活动。生产资料占有的不平等,经济、政治、社会地位必然不可能平等。一个饥肠辘辘、衣不蔽体的无产者,只能成为政治权利、政治生活的"观望客"②。

马克思关于自由与平等的基本立场是:没有真正的平等,就没有真正的自由,没有经济关系的平等,政治自由的权利无法平等。"皇宫里的人"可以尽情畅谈政治,参与政治博弈,而"茅屋里的人"如果连生存的基本条件都得不到满足,还会渴望选举权吗?这就是伯林所言的"靴子高于普希金"③的状况,相对于平等而已,个人自由并非每一个人的第一需要。马克思对自由与平等关系问题的洞察,不仅是我们反击西方许多自由主义思想家的理论武器,而且也让我们重新审视和检讨反思,在今天,要扩大人民民主权利,最终要通过努力提升经济生活的自由与平等、政治生活的自由与平等。

2. 建构政治文明的制度基础

(1) 无产阶级的民主政治

民主政治是公民民主权利的现实体现。马克思认为,在古希腊和中世纪,政治生活因素与社会因素密切联系在一起,只有到了现代,政治国家才从社会生活中抽象出来。但是,在资本主义制度下的民主是"相对的民主制"。在1843年夏,马克思勾画了他对于民主政治的初步设想:"这里的问题在于扩大选举权,即选举权和被选举权,以便使选举权可能普遍化。"④这就是说,民主政治的要义在于普遍选举,维护每一位公民应有的政治权利。因此,马克思主义认为,发展和扩大社会民主,关键是使人民群众有权参与国家事务,有权选择和决定社会生活。

马克思关于建构无产阶级民主政治的主要观点是"人组成社会""社会决定国家""人民收回国家权力""国家最终解体"。"选举是真正的市民社会对立法权的市民社会……选举是市民社会对政治国家的直接的、不是单纯想象的而是实际存在

---

① 王沪宁.政治的逻辑:马克思主义政治学原理[M].上海:上海人民出版社,2004:497.
② 曾宇辉.马克思的政治自由思想及时代价值[J].中共中央党校学报,2006,10(3):71-75.
③ 伯林在《两种自由概念》中指出:向那些衣不蔽体、目不识丁、处于饥饿与疾病中的人提供政治权利或者保护他们不受国家的干涉,等于嘲笑他们的生活状况。
④ 麦克莱伦.马克思传:第4版[M].王珍,译.北京:中国人民大学出版社,2008:70.

的关系……由于有了无限制的选举权和被选举权,市民社会第一次真正上升到脱离自我的抽象,上升到作为自己的真正的、普遍的、本质的存在的政治存在……选举制的改革就是在抽象的国家范围内要求取消这个国家,但同时也取消市民社会。"①

(2) 无产阶级的法治

"形式的法律"约束主体的行为,是"消极"的层面上社会控制的一种基本手段,"真正的法律"应当在"积极"的层面上引导主体行为的扬善去恶和自我完善。法律既可以维护自由,也可以剥夺自由,政治自由能否成为"真实有效"的权利与法律所具有的阶级性以及其本身的优劣密切相关②。

马克思关于法律与法治,提出要实现从"自由的法律"向"法律的自由"转化。"自由的法律"意味着在法律的规定和法律程序的范围内,公民拥有实现自由的权利,权利的合法才能成为现实的自由。"法律的自由"表达的是自由在法治中所应具有的界限和尺度,法治应当通过法律对其他价值作某些限制。由此,马克思阐明了自由与法治的关系:法治不是压制自由的手段,其目的不是为了限制自由,而是寻求自由实现的途径和方式,法治所确认和保证的是在法律规范中自由的存在。

(二) 长远目标

马克思主义政治自由观的终极目标是人类的解放,在马克思的思想体系中,人类解放的基本含义就是从必然王国进入自由王国。与此相适应,社会发展的最高阶段是建立共产主义社会,最终目标是实现人的自由和全面发展。

所谓人的自由和全面发展:一方面,是人的发展不受任何活动和条件的制约,人能够自觉、自愿、自主的发展,这就是人的"自由发展";另一方面,全面发展、突出人的全面性,人具有多方面发展的能力,力求达到"以人为本""人尽其才",但并不是要求人成为"无所不知""无所不能"的"完人"或"超人"。

值得一提的是,人的"全面发展"与"自由发展"是互为条件、相互促进的。一方面,"全面发展"以"自由发展"为前提条件。只有人的劳动活动和能力的潜能获得充分发展,人的本质才能全面丰富和展开。正如马克思、恩格斯所说:"个人的全面

---

① 麦克莱伦.马克思传:第4版[M].王珍,译.北京:中国人民大学出版社,2008:70.
② 王岩.马克思主义理论视阈中的政治自由及其实现[J].马克思主义研究,2008(1):86-92.

发展,只有到了外部世界对个人才能的实际发展所起的推动作用为个人本身所驾驭的时候,才不再是理想、职责等等,这也正是共产主义者所向往的。"① 另一方面,"全面发展"又制约和影响着"自由发展"。人的个人天赋、活动能力和道德品质等方面发展得越全面,越能对人的本质全面占有,就越能真正获得驾驭自然和社会的自由,人的自由选择的空间也就越大。

综上所述,我们可以得出结论:马克思主义政治自由观的建构路径,是通过人的能力和人的社会关系的全面发展,最终满足人的自由发展、自我实现的需要。

---

① 马克思,恩格斯.德意志意识形态:节选本[M].中共中央马克思恩格斯列宁斯大林著作编译局,译.北京:人民出版社,2003:131-132.

第七章

马克思主义政治自由观的价值省思

从人类历史发展的趋势看,马克思主义政治自由观无疑是现代政治文明的重大成果。在经济领域,马克思主义政治自由观能够调动公民主体的积极性、主动性和创造性,促使公民自由、平等地参与经济竞争,通过规范有效的制度确保经济生活的公正、合理,从而促进生产力的发展;在政治领域,马克思主义政治自由观能够促进国家政权的巩固,维护和发展安定团结的政治局面,通过立法确保公民参政议政的权利和自由;在文化领域,马克思主义政治自由观创造一种宽松、和谐的文化氛围,从而促进民主思想、民主理论和民主意识的发展;在意识形态领域,马克思主义政治自由观作为主流意识形态的重要组成部分,是我们应对西方资产阶级自由化思潮,提升社会主义意识形态的凝聚力、竞争力、领导力的重要一环。

第一节 马克思主义政治自由观的经济价值

政治自由与经济自由密切相关。马克思主义政治自由观通过赋予公民在经济领域自由活动的政治权利,调动公民积极参与经济活动的主体性和创造性,同时通过规范有效的政治制度确保经济生活的公平正义,从而促进经济发展、保障经济安全。

一、为经济自由提供理论基础

经济自由意味着经济主体有权利自主决定经济活动的运行,包括生产、分配、交换、消费。[①] 经济主体是指在市场中从事交易活动的组织和个人,其最基本的主

---

① 晏智杰.西方市场经济理论史[M].北京:商务印书馆,1999:111.

体是企业。经济自由意味着经济主体具有充分的自主性与平等性。(1)自主性。企业必须是"自主经营、自负盈亏、自我约束、自我发展"的经济主体,这样的企业既是责、权、利相结合的利益主体,又是自主决定命运的经济主体和投资主体。这样的主体拥有独立的财产权,进而能够从自身的发展水平和生产条件出发,根据市场的行情,自主地选择自己的生产经营项目和方向,并从市场上购取生产要素,向市场销售产品,从而在市场上实现商品价值①。(2)平等性。在经济活动中,参加交换的经济主体在身份上是平等的,能够机会均等地按照统一的市场价格取得生产要素,出售或购买商品;能够机会均等地参与劳动者之间的竞争活动并享有平等的发展机会。平等性还意味着市场的交换行为必须遵循等价交换原则,任何人都不得利用超经济的手段掠夺和占有他人的劳动成果②。

政治自由为经济自由提供理论基础。一方面,经济主体在经济领域的自主平等活动的合法性来自政治领域。马克思主义政治自由观通过宪法与法律的形式赋予公民在经济领域自主平等活动的合法权利,使得经济主体能自主平等地介入、参与经济生活;同时,通过明确有效的法律法规保障经济竞争的有序有效,从而促进生产力的发展。另一方面,经济自由的实现有赖于政治自由。在现实社会生活中,政治与经济是一对不可分割的"范畴",因为"各种基本自由必须被看成一个整体和一个体系……—种自由的价值在正常的情况下来于对其他自由的规定"③。

二、为经济发展提供制度导向

经济发展是社会发展的前提条件。经济停滞与经济失序密切相关,而经济失序则与政治自由的"额度"密切相关,过度自由则会扰乱经济秩序,过度不自由则会"捆绑"住经济主体的手脚。按照马克思的唯物辩证法,现实生活中的经济发展一定是主体尺度与客体发展的辩证统一。事实上,在一个经济充分自由的场域中,经济主体必然奉行个性至上、利益本位、效率优先和实效原则,一方面充分展现主体的积极性和创造性,另一方面也充分激起主体的"排他性"和"自利性"。这种"排他性"和"自利性"将驱使着经济主体在活动中不择手段、千方百计地追求利益最

---

① 晏智杰.西方市场经济理论史[M].北京:商务印书馆,1999:111.
② 晏智杰.西方市场经济理论史[M].北京:商务印书馆,1999:111.
③ 王岩.西方政治哲学导论[M].南京:江苏人民出版社,1997:449.

化,如果没有科学的政治制度进行引导,经济秩序必将瓦解,因此,经济自由呼唤着体现其人文内涵的政治理念、保障其顺利运行的政治制度。

因此,人们从事经济活动的自由权利必然要通过政治制度加以保证。马克思主义政治自由观的特性之一就是创造良好的稳定的和谐的社会秩序,它不仅为经济的稳定发展提供保障,而且为经济的发展注入强大的生机和活力。

三、为经济安全提供预警导向

过度的经济自由必然为经济的不安全埋下隐患。以2008年爆发的国际金融危机为例,由于缺乏监管,美国的银行及其他金融机构就可以自由地甚至"不负责任"地追逐最大利润。

在现实经济活动中,由于经济利益的多元性、经济活动的竞争性、经济体系的开放性,如果缺乏马克思主义政治自由观的引导,必然会导致经济失序甚至经济危机。马克思主义政治自由观的理论启发我们:其一,资本主义的经济自由所带来的社会危机值得我们警醒;其二,经济的自由活动要以确保最广大人民的根本利益为出发点;其三,各项经济活动务必纳入法制化的轨道,政府对经济活动务必有刚性约束,经济自由是被政治制度规范了的有条件的自由。

第二节 马克思主义政治自由观的政治价值

政治自由意味着公民具备独立的政治人格,拥有相应的政治权利,在法律许可的范围内进行政治实践。政治自由是建设民主政治的不可或缺的条件,标志着一个社会政治文明的程度,标志着人从"手段"向"目的"的转化。自由主义政治自由在西方社会的兴起,摧毁了反动腐朽的封建专制制度,确立了资本主义社会制度,开辟了资本主义发展的康庄大道;促进了马克思主义政治自由在近代中国的传播,引领中国人民走上"自救"的道路。马克思主义政治自由在当代中国的发展,推动了中国特色社会主义民主政治的发展,必然使中国特色社会主义道路焕发生机。

一、推动人权建设

人权是每个人都拥有或应当拥有的基本权利,是其他所有权利的基础,没有人权,其他权利都无从谈起。人权的本质是人性的政治要求,充分发展人性是全人类的永恒价值,这种价值在政治上体现为不断实现人权,践踏人权就是抹煞人性,摧残人道。

人类历史上,人权理论经历了两种形式:一是"自然权利"或"天赋人权",其主要代表人物是洛克、卢梭和潘恩。他们认为:人权是每个人都具有的权利;人权是天赋的,而不是某个团体或者个人赐予的;人权不可转让和放弃,它是人的本性的要素;人权不可剥夺,任何人、任何团体都不能攫取他人的人权。这种经典人权理论的首要目的就是要论证资产阶级剥夺封建特权的合理性。二是"法律权利"。到了19世纪,人权理论便从"自然权利"发展到了"法律权利"说。"法律权利"的主要代表人物是以边沁和密尔为代表的法律实证主义和功利主义。这类学说主张人的所有权利都是法律赋予的,所谓的"自然权利"无非就是"法律权利";人权不是人类的根本价值,而是实现人类的终极目标——功利的手段[①]。

马克思主义政治自由观批判了以往的全部人权理论。马克思、恩格斯认为,"现存"的人权不过就是资产阶级在商品经济一定发展的基础上,为了进一步消除资本主义经济发展的封建障碍而在与封建阶级斗争中争得的政治权利,根本不是"天赋的"自然权利。他们还认为,从来就不存在抽象的、超阶级的人权,人权作为一种政治权利只是一定的经济要求的反映,因而在资本主义社会,人权只不过是资产阶级的特权,"平等地剥削劳动力,是资本的首要人权"[②]。在马克思、恩格斯看来,克服人的异化,真正实现人权的途径就在于无情揭露资产阶级人权口号的虚伪性,号召人民群众起来消灭剥削劳动群众人权的资本主义剥削制度,实现人性全面发展的共产主义社会。

马克思主义政治自由观告诉我们:其一,人权具有阶级性,资产阶级人权观提倡"人权高于主权",实质是以抽象人性论为基础,维护资产阶级的最大利益;马克思主义人权观提倡"主权高于人权",站在工人阶级的立场上,尊重和维护每一个个体的生命、自由、平等等最基本的政治权利。其二,在现实政治实践中,共同体与个体是互构的,共同体对个体有要求,个体对共同体也有要求。也就是说,如果共同体侵犯了个体的政治权利,就是践踏人权;共同体如果没有做应该做的事情,也是

---

① 王岩.西方政治哲学导论[M].南京:江苏人民出版社,1997:449.
② 高哲,温元著,贾建梅.马克思恩格斯要论精选[M].北京:中央编译出版社,2000:35.

对人权的践踏。马克思主义政治自由观有利于我们推动人权建设。①

二、完善政治人格

马克思主义政治自由观对政治人格的完善主要表现为对个体自主性的弘扬。从马克思主义人学的角度来看,自由的形成与发展与人的主体性的生成与发展有着深刻的渊源关系。马克思在论述人的主体性的时候曾诙谐地说:"只有音乐才激起人的音乐感,对于没有音乐感的耳朵来说,最美的音乐也毫无意义。"②主体的人确证了自己的本质力量,肯定了自己的主体地位,实现着自身的发展,完成了黑格尔所说的人世间最高贵的事情——"成为一个人"③。在此过程中人所体现出来的自主、自立实际上是一种"本原形态的自主":自己做主,应该做主,也能够做主。这种"本原形态的自主"承认人是建立在思想自由、行动自由之上进行自由选择,人正是在这种自主的选择中确证了自身的独立人格,体会到了做人的意义和实现着做人的价值。在主体间的交往中,作为类的人同样追求自我选择与自我实现。这表现在两个方面:对外,任何社会组织,不管规模大小,都不受外在力量的支配与统治,而是自主决定自己的生活模式和存在状态;对内,社会生活中的自主就是要求所有社会成员都有参与政治与社会管理的权利,因为它关系到每个人。个体性的自主既充分体现了人的主观能动性,又凸显了人的权利,成就了"人之为人"的价值。

三、促进政治民主

在民主的实践领域,马克思主义政治自由观通过立法确保公民参政议政的权利和自由,能够促进国家政权的巩固,维护和发展安定团结的政治局面;在民主的意识层面,马克思主义政治自由观为促进民主思想、民主理论和民主意识的发展奠定基础;在民主的制度层面,马克思主义政治自由观的实现,需要民主政治的保障,而政治民主的发展可以更好地促进政治主体追求自身的权利;在"共同体—个体互构"的层面,马克思主义政治自由观肯定了共同体与个体间的平等地位,肯定了个

---

① 俞可平.权利政治与公益政治[M].北京:社会科学文献出版社,2005:131.
② 马克思.1844年经济学哲学手稿[M].中共中央马克思恩格斯列宁斯大林著作编译局,译.北京:人民出版社,2000:87.
③ 黑格尔.法哲学原理[M].范扬,张企泰,译.北京:商务印书馆,1982:46.

体的主体地位及行使政治权利的资格,更加注重健全民主制度、丰富民主形式,体现了主客体间的互构性与平等性,充分调动公民个体的积极性、主动性和创造性。这对于发展社会主义民主政治,从各层次各领域扩大公民有序政治参与,保证人民当家做主,发挥社会主义政治制度优越性,都具有重要价值。

四、扩大政治包容

政治包容性的提升是政治文明的表现,当然,这种包容是相对的、有条件的,也不是无限度的。政治包容性的程度总是和一定社会的经济、政治、文化发展水平相关。马克思主义政治自由观必然促进政治包容性的提升,这可以从两个角度来理解:

其一,政治包容总是在"共同体—个体互构"的框架内进行。从马克思主义政治自由观的"共同体—个体互构"范式来看,马克思一方面自始至终强调人的主体性的价值,"人的眼睛与野性的、非人的眼睛得到的享受不同,人的耳朵与野性的耳朵得到的享受不同"[1],人的主体性是推进政治自由的基本要素。但是,人对政治自由的追求必然导致现实生活的利益多元化和价值多元化,因此,另一方面,马克思又反复强调人的"共同体属性":没有共同体,就不可能有真正意义上的个体,当然也不可能有属于个体的政治自由。个体只有在共同体中,才能焕发出生机与活力,才能实现政治自由。马克思主义理论视域中的政治包容是辩证的、动态的、有原则的。这种包容埋葬了资产阶级断裂社会的趋向,同时赋予了个体自由全面发展的正能量。

其二,从当今中国的现状来看,中国社会是一个名副其实的多种社会质态共存的社会,犹如一座人类社会形态的"大熔炉"和"活的历史博物馆",几乎人类社会形态的各种要素都客观地存在其中,特质纷呈,它不可能属于或难以归类到一种已知的纯粹理论的社会形态,具有某种"过渡性""综合性""混合性""模糊性"或"混沌性"社会质态。马克思主义政治自由观既尊重价值多元性,又赋予个人自主权,同时通过法治与核心价值观建设确保了各种社会质态的成长度、发展度、文明度以及各种社会质态之间的包容度、宽容度,为社会发展规定了底限,指明了方向[2]。

---

[1] 马克思.1844年经济学哲学手稿[M].中共中央马克思恩格斯列宁斯大林著作编译局,译.北京:人民出版社,2000:86.
[2] 乔耀章.略论政府包容性[J].江苏行政学院学报,2012(2):92-99.

五、保障政治安全

政治安全主要是指政权与政党安全。政治安全是综合安全①中最重要的一环。20世纪末,苏联和东欧社会主义国家解体把马列主义与社会主义的命运推到了悬崖边,而中国特色社会主义道路的开辟又使其焕发了生机,马克思主义政治自由观作为中国特色社会主义理论体系的重要组成部分,对于推动道路建设、制度建设,维护政治安全发挥了重要作用。

其一,马克思主义政治自由观推动了社会主义政权建设。政权就是政治权力。权力建设的目的就是维护政权安全。权力建设包括权力主体建设与权力结构建设。马克思主义政治自由观主张权力结构决定了权力主体的功能、权力配置和权力之间的互动关系,实质是对国家权力结构形式的制度设计。一方面,"公共权力"规范"个体权利",另一方面"个体权利"也制约"公共权力"。只有实现权利和权力的相对平衡,才能强化权力监督体制的实效性。

其二,马克思主义政治自由观推动了社会主义政治制度建设。政治制度是"一个社会阶级本质的内在规定,反映一个社会的阶级关系,直接或间接地反映社会各阶级的地位以及社会实际生活中各种政治力量的对比关系"②,政治制度具有规范性、权威性、稳定性的基本特征,大多通过制度体系或"制度群"等形式发挥综合效应。这就是说,人民是国家的主人,是国家的最高权力主体,其他一切形式的具体的国家权力,都要由这一最高权力主体产生和派生。这就要求在现实政治中务必尊重和保障人民的主体地位。马克思主义政治自由观主张人民依法享有广泛而充分的民主权利和自由,社会主义政治制度的本质特征和制度优势是"人民当家做主"。在中国特色社会主义的政治语境中,就是要坚持人民主体地位,推进人民代表大会制度理论和实践创新,发挥人民代表大会制度的根本政治制度作用。

第三节 马克思主义政治自由观的文化价值

党的十七届六中全会审议通过了《中共中央关于深化文化体制改革、推动社

---

① 综合安全是指经济安全、政治安全、文化安全、意识形态安全等。
② 杨海蛟.政治文明:理论与实践的思考[M].北京:中国社会科学出版社,2009:89.

主义文化大发展大繁荣若干重大问题的决定》。全会提出,"发展面向现代化、面向世界、面向未来的,民族的科学的大众的社会主义文化,培养高度的文化自觉和文化自信,提高全民族文明素质,增强国家文化软实力,弘扬中华文化,努力建设社会主义文化强国"。党的十八大又指出:"建设社会主义文化强国,必须走中国特色社会主义文化发展道路。"通常人们并不注意马克思主义政治自由观的文化价值,就其表象而言,政治自由与文化的发展联系并不密切,忽视政治自由对文化发展的作用也情有可原。但是,作为观念上层建筑的马克思主义政治自由观,显然是社会主义政治文化的核心内容,是中国特色政治文化建设的旗帜。

一、提升文化软实力的内在需要

"软实力"是相对于"硬实力"而言的。一切可以量化为物质力量的实力都是"硬实力";而一切不可以量化却可以转化为精神力量的实力都是"软实力"。当前,我们的精神文明建设、社会主义核心价值观建设等均属文化软实力建设。

打造文化软实力是确保社会主义意识形态安全和国家综合安全的必然选择。随着世界历史进程的深化和拓展,人类进入了一个崭新的时代。全球化、信息化、知识化将人类社会的发展引向一个新的高度,与以往硬实力的竞争占绝对优势的历史阶段相比,人类今天的竞争越来越多地表现为软实力的竞争。一个国家硬实力不行,可能一打就败;而如果软实力不行,可能不打自败。苏联解体就是典型的例证。文化软实力关乎民族兴衰和国家、政党存亡。

推进马克思主义政治自由观可以促进文化软实力的发展。其一,就实现主体而言,人不仅仅是文化的创造者与传播者,而且也是政治自由的实现主体,政治自由的实现为文化的发展创造了必要的政治条件。其二,从文化发展的规律来看,文化事业的发展依靠丰富的创造性思维,它需要有一种积极的自由精神,自由地去探求和思考。人们只有真正解放思想,才能具有高度的主动性、积极性和创造性,才能推进文化大发展、大繁荣,提升文化软实力。其三,在马克思主义政治自由体系中,言论自由、出版自由、新闻自由等具有重要的地位,与此同时,它们在文化自由领域也扮演着重要的角色。言论、出版、新闻等都是思想文化领域中精神生产和精神生活过程中不可或缺的重要环节和形式。马克思主义政治自由观的主要内容之一就是保障公民的言论、出版等自由权利不受侵犯,这是提升文化软实力的重要保障。

二、发展先进文化的集中体现

马克思主义政治自由观作为思想观念的文化形态,之所以是先进政治文化的集中体现和必然要求,主要表现在两个方面:一是对资本主义政治文化的超越。马克思主义政治自由观汲取了西方近代资本主义诞生及其工业化的过程中产生的民主、法治、平等和人权观念,同时又对资本主义政治自由的虚伪性、欺骗性进行了无情的鞭挞和批判,揭示了自由主义政治文化和意识形态受制于资本主义时代的局限性。二是对中国传统政治文化的扬弃。中国传统政治文化具有封建专制恩宠文化的特征,所维护的是"等级秩序",铸成了"集体无意识"。马克思主义政治自由观的"共同体—个体互构"范式,与中国传统文化中"大同世界""天下为公"等政治理想都能产生程度不同的共鸣。毫无疑问,马克思主义政治自由观对中国现代化的路径选择产生了很大的影响。

三、维护文化安全的时代需要

文化安全是指对文化主体(包括人类、民族、国家、个人等)生存权利、生存方式(包括生产方式、生活方式、思维方式等)及其文化成果的认同、尊重和保护,从而使文化主体在生存和发展的过程中没有威胁、危机和危险。

马克思主义政治自由观有利于加强东西方文化对话。在文化全球化的浪潮中,中国特色社会主义文化受到了前所未有的冲击,作为社会主义文化最核心部分的社会主义意识形态也面临着和平演变的挑战。在建构全球文化新秩序的过程中,马克思主义政治自由观既能让我们认识到政治自由的重要性,同时也让我们清醒地认识到:马克思主义政治自由并不是自由主义政治自由,自由主义不可能全球普及和代替其他文化,马克思主义与自由主义的接触就是博弈,有博弈就有冲突,有冲突就要对话(当然,冲突也可能走向极端),有对话就能重构全球文化新秩序。马克思主义政治自由在促进文化对话的过程中始终提醒我们对西方文明保持清醒的头脑,既要坚持社会主义基本价值,也要兼顾人类共同的精神家园。

马克思主义政治自由观有利于增进社会主义文化认同。马克思主义政治自由观体现了一种权利文化,这种文化的导向是人民当家做主;这种文化体现出对权力的制约,以及权利与权力的博弈;这种文化能够保障全人类的根本利益;这种文化成为全人类的强大的智力支持、精神动力和价值指引。这样的文化必然推进人民大众对社会主义文化的认同。

第四节 马克思主义政治自由观的意识形态价值

意识形态是思想上层建筑的重要组成部分。意识形态建设影响到政权的兴亡。意识形态的价值在于为政权奠定广泛的民众基础,使广大民众从心理层面和日常意识层面上对政权产生普遍认同,这也就是我们平常所说的,这个政权赢得了民心。反之,一个政权如果缺乏意识形态建设,广大民众无法在心理层面和日常意识层面对这个政权产生认同,就必然导致怨声载道,民怨沸腾,人心思变,这也就是我们平常所说的,这个政权失去了民心。任何一个阶级或政治集团,无论是想夺取政权,还是想巩固政权,一项重要的工作就是要做好意识形态建设,使主流意识形态与广大民众的日常心理和日常意识取得高度的契合。马克思主义政治自由观作为一种思想上层建筑,毫无疑问对于维护我国意识形态安全有重要意义。

一、有利于准确理解资产阶级政治自由观的局限性

马克思主义政治自由观的创立和发展,在逻辑上与历史上与马克思主义意识形态的创立和发展过程有着一致性,批判性是马克思主义意识形态理论形成的重要特征,也成为马克思主义政治自由观的主要表征。写于 1845 年至 1846 年的《德意志意识形态》,既标志着马克思主义意识形态理论的基本形成,也意味着马克思主义政治自由观的确立,还意味着马克思、恩格斯对资产阶级政治自由观的局限性的清醒认识。资产阶级政治自由观的内涵主要包含三个方面:① 从认识论角度来说,对意识形态认识的颠倒性导致对政治自由认识的抽象性,也使得以"自由、平等"等为核心政治理念的"天赋人权"理论具备了生存的空间。② 从价值论角度来说,政治自由是以普世性面貌出现的资产阶级政治思想,在阶级统治的过程中发挥着国家实体性存在难以起到的作用,主要表现在论证阶级统治的合理性、合法性和公正性,从精神方面把统治阶级利益合理化,把与统治阶级利益内在统一的生产关系合理化,并以知识、观念和信念等形式保证这种利益的实现。③ 从意识形态自

身的特征来看,意识形态是由经济基础派生的,本身没有独立性,但由于阶级统治的需要和人们对社会认识的局限性,意识形态便成为阶级社会文化发展的载体,既定的思维结构和社会评价体系,在外观上具备了自己存在和发展的独立性,制约着社会群体对文化的创造。在资本主义框架内的资产阶级政治自由观既受制于资本主义意识形态的发展,也受到资本主义物质实践的制约和限制,并随物质实践的发展而发展。

二、有利于推动政治话语权建设

话语系统折射的是信仰、价值观和行为方式,话语系统是意识形态建设的核心和关键。政治自由是政治哲学的重要理念,也是意识形态的核心内容,因而也成为意识形态领域所争夺、争论的重要话语之一。应该说,厘清自由、民主和人权之类的话语,方能创建自由、政治自由、自由主义的政治自由、马克思主义政治自由的对话平台。与此同时,在中国特色社会主义政治文化语境中,必须破除政府话语系统、精英话语系统、平民话语系统三者不交融的问题,建构马克思主义政治文化的基本理念、理论体系和话语系统。

三、有利于推动核心价值观建设

中国特色社会主义核心价值观,应该具备三个特征:其一,这种价值观应体现国别性,即中国独有,其他国家并不具备。其二,这种价值观应体现优势性,即强化了国家软实力,这是中国具有的有别于别国的优势资源。其三,这种价值观应体现主流性,即它顺应了全球化时代的发展要求和发展中国特色社会主义的要求。十八大报告提出:"倡导富强、民主、文明、和谐;倡导自由、平等、公正、法治;倡导爱国、敬业、诚信、友善,积极培育和践行社会主义核心价值观。"[①]这分别从国家、社会、公民三个层面,提出了反映现阶段全国人民"最大公约数"的社会主义核心价值观,也说明了马克思主义政治自由观作为一种政治价值理念顺应了时代的需求,也必将推进社会主义核心价值观建设,推动社会主义政治文明建设。

---

① 总政治部宣传部.党的十八大基本思想、基本观点、基本要求[M].北京:解放军出版社,2013:4.

四、有利于维护意识形态安全

当前,意识形态领域的斗争值得重视,一方面,随着中国国际地位的上升,中国越来越受到西方资本主义国家的"遏制";另一方面,全球化趋势的加强与国际联系的紧密,使得西方国家有了可趁之机对中国进行更加深入性的、便捷性的、隐蔽性的和持续性的意识形态渗透,为西方国家"和平演变"中国带来了新的机会[①]。因此,弘扬马克思主义政治自由观,是击破西方自由泡沫、推进中国政治文明建设的现实之需。

维护意识形态安全就是维护马克思主义政治思想的安全,维护马克思主义政治信仰和价值观的安全,维护对马克思主义的情感认同和价值认同。坚信、坚定马克思主义政治自由观有利于我们抵制西方敌对势力的鼓噪和国内的各种噪声杂音,树立我们自己的主心骨;有利于我们培养敏锐的政治素质,提高对西方意识形态的认识能力;有利于我们培养良好的心理素质,提高对意识形态变化的自我调控能力;有利于我们维护社会主义核心价值观的安全,维护对中国特色社会主义的政治认同。

---

① 聂圣平.国际环境的变化对我国意识形态安全的影响[J].求实,2012(6):66-69.

第八章

社会主义政治自由的建设发展之路

十八大报告指出:必须继续积极稳妥推进政治体制改革,发展更加广泛、更加充分、更加健全的人民民主①。这就告诉我们:紧紧围绕坚持党的领导、人民当家做主、依法治国有机统一,深化政治体制改革,加快推进社会主义民主政治制度化、规范化、程序化,推进国家治理体系和治理能力现代化。因此,规则引导、可信承诺、适当分权、增量改革,是制度设计、推进民主政治进程的策略选择。在推进政治文明的进程中,我们要完善与推进现代政治自由相适应的政治意识、政治制度、政治行为,讲究执政的合规律性与合目的性的辩证统一,促进政治自由的实现。

第一节 推进社会主义政治自由的政治意识建设

从五四时期,就开始呼唤"科学"和"民主",现在看来,对权力的盲从、对规则的漠视,仍然是公民政治意识建设的致命伤。社会主义政治自由从理想变为现实,任重道远!

一、主体意识

社会主义政治自由范畴中的主体性包含着个体的独立性、自觉性、主动性。独立性是肯定自己的独立存在;自觉性即具有自我意识,自己能够意识到自己;主动性即具有改造环境的能动力量,不屈服于环境。主体意识也就是自我意识、独立意识和自觉能动性②。

---

① 总政治部宣传部.党的十八大基本思想、基本观点、基本要求[M].北京:解放军出版社,2013:4.
② 王岩,孙波.社会主义市场经济条件下我国公民意识的构建[J].毛泽东邓小平理论研究,2011(9):38-43.

马克思也设想了未来社会是"自由人的联合体"。曾几何时,集权式政治建构严重忽略了"个体",或者简单地以社会理性代替"个人理性"。实际上,社会分工、阶级分层不可能抹杀"个体"的差异性,并由此带来政治诉求冲突。这种失衡以"文革"为甚。

推进社会主义政治自由的全部前提基于以个人理性为基础的公共选择。这里有三个问题必须予以关注:① 存在个体或群体的不同政治权利诉求;② 个体或群体拥有策略选择的权利和机会;③ 个体的理性选择和策略行动会影响集体理性和公共利益。公民的主体意识的觉醒,意味着以主权者的身份,去认知、参与国家的政治事务。

如前所述,"社会—个体互构"的进程中,公民主体性的发挥与社会能动性的发挥维持动态平衡,政治生态就能呈现良好的新陈代谢。笔者认为,中国政治发展的现实空间就是政权和治权的分离。公民主体性的进一步发挥要求我们重视权力分享,这是人民当家做主原则的基本要求。

二、规则意识

理性人不会相信不置可否的威胁。实践证明,失去了规则约束,公平正义就失去了保障。所谓规则意识,首先是指关于规则的知识,其次也是更重要的是指遵守规则的愿望和习惯,尤其表现在没有强制性力量阻止违反规则的时候,也会自觉去遵守[①]。合法、规范和合理的规则引导人们健康的行为规范和行为方式,反之亦然。

规则制定者,权力也。权力来自对规则的制定权。谁拥有制定规则的权力,谁实际上就拥有较大权力。权力分配与制约体制仅仅从职能与权力运作层面对权力进行动态的规约,这仅仅是产生规范权力效果的必要而非充分条件。唯有基于民主与法治,权力分配与制约制度才能得以正常运作和发展,权力的规范才有现实性。其中,民主为权力的来源提供了政治合法性依据,法治则为权力的运作奠定了规范合法性的基础,两者相辅相成,为社会主义公权力文明建设提供基本的制度保障。可见,健全社会主义民主与法治,是关乎社会主义公权力文明建设事业成败的关键所在。

---

① 童世骏.规则意识与道德素养[N].文汇报,2001-12-03.

因此，形成科学有效的权力制约和协调机制，让权力在阳光下运行，是把权力关进制度笼子的根本之策。否则，民主政治进程只会推给那些只关心信仰而不关心分析、只提出高尚目标而缺乏制度设计的人。

三、责任意识

责任意识预示着个人自律与自我责任，尤其要求公民要对国家、对社会、对事业尽职尽责。政治自由通过政治主体的政治活动得以实现，责任意识不仅为个体在政治活动中确立自己的政治角色、评判现实政治、开展政治活动、追求政治抱负、实现政治理想设定了价值标准，而且为现实政治生活的合法性及有效运作赋予了文明属性。责任意识促使自主的个体摆脱群体依附，迸发出活力、激情和创造力，造就欣欣向荣的政治生态环境；促使自主的个体在规范的社会环境中对自己的政治态度、政治行为、政治信仰做出选择，从而积极投身政治实践，推动政治发展。

在马克思的政治自由思想中，通过反复强调人的"共同体属性"来强化人的责任意识。在社会主义的语境中，政治自由在肯定人的主体性的同时，更蕴含着公民"带着责任生活"的重要性。

值得注意的是，责任意识不能仅凭认识论意义上的理解，它是自觉与不自觉之间的一种状态。责任应该与义务相适配，贡献与分配相对应。

可以用一个通俗的例子来说明：

> 甲和乙结伴旅行，甲带3块饼，乙带5块饼，吃午饭的时候碰到一个饥饿的路人丙，请他一起午餐。三个人平分8块饼，每人吃了8/3块。午餐后路人丙送给甲和乙8块金币以表示感谢。但甲、乙就如何分配这8块金币产生争论，甲认为应该平分，每人4个金币，乙认为甲只能得3个金币。
>
> 用夏普利值的边际贡献思想来分，对甲来说，带来3块饼，吃了8/3块，贡献了1/3块，而乙带来5块饼，吃了8/3块，贡献了7/3(5－8/3)块，因此，按照边际贡献，甲只能得1块金币，乙则应得7块金币。

在这个例子中，一种合理的分配原则，对于责任意识的形成是非常重要的。

四、守法意识

自由若离开法律,就成为恣意、任性。守法,是个体行为与社会规范不协调而产生的约定与承诺。只有拥有了守法精神,政治自由的实践才真实有效。

研究分析社会成员的守法意识,值得进一步追问:人们为什么要遵从或违反社会规范?这取决于成本与回报,取决于对自己行为的预期。① 政府只靠教育引导或"要求"是不够的;② 政府选择少反倒使威胁或承诺更有效;③ 执行成本过高使规则无法执行。这其中昭示着现代社会治理的时代要求和普遍法则。

因此,要想使一个规则和策略行动显得很可信,必须同时采取一个附加或从属的行动,我们称之为可信承诺。例如:"中国式过马路",为什么治理不好?这可能是因为缺乏一些有效控制的因素:① 法规和规则(显规则和潜规则)的缺位;② 私人违反规则的成本过低;③ 惩治违规的信息流动速度和方式覆盖面小;④ 治理的分权程度偏低。

五、集体意识

在中国历史上,不乏政治改革者,如王安石、张居正、康有为、梁启超等,但是他们最终都未成功,一个很重要的原因,就是缺少政治认同的集体意识,即"个体"一致形成对共同利益、集体理性与社会规范的认同和遵从。

古人言:"刑不可知,威不可测。"它的核心含义是,任何人对于自己的行为,都可以在行为前就依据一个已知的标准,确切地知道自己所为将有什么样的后果。从法律的规则性讲,就是法律应当对人们的行为模式设定一个既定的明确标准——什么是违法,违法的后果如何,等等。

社会主义政治自由观是社会主义核心价值观的重要组成部分。这种自由观以集体主义为价值原则和道德原则,既关注个体的合法权益,也提倡共同体的公共利益;既强调公私兼顾,也强调无私奉献;既要求权利,也考虑义务;既讲自由,也讲纪律。这种自由观寻求个人利益与共同体利益的有机结合,所有人不能游离于"游戏规则"之外,而是通过"坦率和公开"的沟通与回馈,形成一种以和谐、互利为基本特征的利益整合机制。

第二节 推进社会主义政治自由的政治制度建设

文明的政治制度是人类政治生活的进步状态,是全人类的福音,具体表现为进步的政治制度形式、进步的政治组织机构和进步的政治运行机制。

一、健全公民政治参与制度

政治参与是政治自由产生与实现的应有之义,也是推进社会主义政治自由的必然要求。没有人参与的"假民主",最终可能走向专制;有序有效地行使公民权利的"真民主",才能激发社会主义政治自由的生机和活力。

笔者认为:当代中国健全公民政治参与制度的"突破口"主要涵盖以下几方面:

一是推进党内民主。尊重党员的政治地位,尤其要尊重党员的主体地位,激发党员更实质性地履行权利,执行义务。这是中国政治民主化能够展开的关键与前提。党员群体作为当前社会中有共产主义信仰的群体,他们的行为更具有表率性和号召力。如果党内民主流于形式,那么人民民主也必然成为海市蜃楼。

二是推进基层民主。要树立"基层无小事"的观念。完善基层选举制度,不断扩展差额选举、直接选举的适用范围与级别,不断完善候选人监控程序,真正体现基层民主选举的竞争性与人民性的本质特征。

三是要规范网络民主。网络是一把双刃剑,既要"勇于"亮剑,也不能别有用心"胡乱"亮剑;既要重视网络民意建设,也要引导和规范网络民意走向,尤其是要用法治为网络民主保驾护航。

四是要推进协商民主。协商才能民主,协商民主实质是一种对话民主,是在倾听民意、梳理民意基础上的为民做主。因此,要建立与民沟通的常规化渠道,确保能"眼观六路,耳听八方",真正赋予公民结社自由权与言论自由权,充分保证公民的政治参与权利。

二、推进社会主义民主的"帕累托效应"与法治

改革开放以来,在社会主义市场经济的裹挟中,大众的民主意识突飞猛进,这必然要求民主的制度能够契合人意,顺应人心。俞可平指出:"中国政治的最重要

发展,就是中国正在走上一条增量民主的道路,这是在中国目前现实环境下唯一一条通向善治的道路。"①所谓增量民主,即主张在具备充分的经济和政治基础上,民主建设有新的突破,进而形成一种新的、在过程上是渐进与温和的增长,其实质是在不损害人民群众利益的前提下最大限度地增加政治利益②,也就是形成民主的"帕累托效应"。

当然,增量民主的推进必须以良好的法治环境为前提和保障。法治是与人治相对的一种"开放性"概念,它要求一切权力的取得与运行必须符合法律的规定,其中法律至上是法治的灵魂。由于文化传统与历史发展的阻抑效应,与法治相对的作为人治思想灵魂的权力至上一直以来在中国社会占主导地位,法律工具主义观念即便到了当代依然甚有市场。如何去除法律的工具主义意蕴,恢复法的价值理性进而培育全民的"法律信仰"与"法律至上"观念,是建设法治国家的首要和核心任务,也构成公权力文明建设的观念基础。除了从观念层面确立法大于权的限权思想外,实体法治与程序法治也是规范公权力的有效路径。实体法治,旨在通过发挥法律的规范功能来限制权力。正如马克思在1844年所正确指出的,"法律的用处通常是限制政府的绝对权力"③。实体法治的限权功能主要表现在以"善法"规定权力的来源、范围和运作的全过程。程序法治则意味着通过正当程序限制与规范公权力的行使。程序控权的基本原则可以归纳为人的尊严原则、公开原则、程序平等原则、参与原则以及实效原则④。

三、完善权力分配的"囚徒困境"与制约体制

根据王岩、施向峰的观点,可以从权力横向、权力纵向和权力分享三个维度构建科学的分配与制约体制。

权力的横向分配与制约的基本要领是机构分立、职能分立、相互制衡和人员分离。长期以来,政界与学界很多人视"分权原则"为洪水猛兽,究其主要原因,是将分权原则与西方三权分立制度等量齐观。我们说,西方三权分立制度不适合中国

---

① 俞可平.增量民主与善治[M].北京:社会科学文献出版社,2005:155.
② 俞可平.增量民主与善治[M].北京:社会科学文献出版社,2005:155.
③ 马克思,恩格斯.马克思恩格斯全集:第12卷[M].中共中央马克思恩格斯列宁斯大林著作编译局,译.北京:人民出版社,1979:576.
④ 周永坤.规范权力:权力的法理研究[M].北京:法律出版社,2006:275-276.

国情,但这不是说三权分立一无是处,其中蕴含的分权思想也是人类政治文明的成果。我们反对照抄照搬,但是主张吸收西方的政治文明成果并将之本土化、活学活用。事实上,我国的人民代表大会制度不仅不否定,而且在一定程度上体现了分权思想:人民代表大会虽然是我国最高国家权力机关,但宪法并未将行政权、司法权也归于其,而是将行政权、司法权分别赋予行政机关与司法机关。确立了分权这一观念,构建科学的权力横向分配与制约体制才具可能性[①]。

长期以来,在中国的权力格局中,横向分权比较弱,要么流于形式,要么互不关联,或者联手作弊,这反映出在横向分权的过程中没有处理好"分"与"制"的关系。因此,在政治体制改革的过程中,要将横向分权的思想进一步落到实处,要做到有"分"有"制":首先,要改革立法体制,实行立法权由全国人大与全国政协共享的"两院制",通过两个立法机关之间的分权与制约达到立法最优化;其次,进一步试行行政机关内部分权与制约体制,尤其重视行政权的决策权、执行权与监督权的三分与制约机制的完善与推广;最后,至为根本的则是保证司法独立,赋予司法机关全面的司法审查权[②]。

在权力的纵向分配与制约方面,我国目前的权力结构基本上是以纵向为主,中央与地方的关系是领导与被领导、服从与被服从的行政隶属关系。这种偏重集权的单一权力结构模式,往往使得顶层权力缺乏监督与制约,下级机构有求于上级机构,也必然受制于上级机构,很容易形成权力腐败的利益链。因此,我们要探索"如何使集分恰当,使中央与地方关系有结构互补、功能互惠的作用,并有利于促进社会政治、经济的协调发展"[③],切实发挥"中央与地方两个积极性"[④]。一是坚持纵向相对分权原则,其目标是地方适度自治;二是坚持依法相互监督原则,中央有依法对地方政府进行监督的权力,地方也依法有权要求中央重视地方的合法权利;三是坚持行政区划与司法区划相分离的原则,保证司法独立与国家法制统一;四是坚持

---

① 王岩,施向峰.批判与启示:西方近现代政治哲学流派研究[M].北京:中国社会科学出版社,2011:142.
② 王岩,施向峰.批判与启示:西方近现代政治哲学流派研究[M].北京:中国社会科学出版社,2011:142.
③ 金太军,赵晖,等.中央与地方政府关系建构与调谐[M].广州:广东人民出版社,2005:15.
④ 毛泽东在调整中央与地方关系方面的基本主张是"有中央与地方两个积极性,比只有一个积极性要好得多","要发展社会主义建设,就必须发挥地方的积极性。"参见《毛泽东文集(第7卷)》,人民出版社1999年版,第31页。

中央与地方法制原则,实现中央与地方权限与关系的法制化①。

最后要尤其重视权力分享,这是人民当家做主原则的基本要求,也是制度文明建设的内在要求。公权力唯有具有一定的流动性,能够打破阶层壁垒、阶层固化,渗透到社会底层,关注到弱势群体,在各阶层中公平分享,才能真正看到社会的弊病、听到群众的呼声,才能集中全社会的智慧和力量,达到真正的共和、共治和善治,才能真正有效避免某一阶层或少数人集权与专制,实现权力的合法性、合理性和合目的性要求,才能真正得到人民群众的拥护,从而靠自下而上的力量推进社会主义政治体制改革和社会主义政治文明建设。当前,最为重要的就是积极推进精英阶层与平民阶层、弱势群体的融合,不断推进公权力组成人员的阶层多元化,使全社会共有、共享公权力。

主动设置权力分配与监督的"囚徒困境",有助于激发权力监督机制的活力。我们回顾一下博弈论中经典的"警察与小偷"的囚徒困境:假定有两个犯罪嫌疑人共同作案。警察抓住他们以后,分开拘押,并告诉他们:可以选择坦白,或是不坦白;如果一个人坦白,而另一个人不坦白,则坦白的一方会被立即释放,而不坦白的一方被判10年;如果两个人都坦白,则会每人各判8年;如果两人都抵赖,因证据不足,则每人在被关押1年后释放。那么,这两个犯罪嫌疑人该如何选择呢?

显然,在囚徒困境博弈中,坦白是每个参与人的占优策略。尽管对两个人来讲,不坦白是最好的,帕累托最优是"都不坦白",但是由于个体理性与集体理性的冲突,每个人都会选择对自己最优的行动——坦白②。

习近平总书记在2013年中纪委第二次全体会议上指出,要加强对权力运行的制约和监督,把权力关进制度的笼子里,形成不敢腐的惩戒机制、不能腐的防范机制、不易腐的保障机制。笔者认为:设置"权力三不腐"的"囚徒困境"的要素在于:其一,要有敢于反腐、勇于反腐的"警察"。从近年曝光的很多腐败案件来看,人民群众自觉反腐,在很大程度上充当了"警察"的角色,这充分体现了公民主体意识、责任意识、民主意识的进步。在中国未来的政治发展道路上,"警察"不仅要全民化,更要制度化。其二,对于不坦白的情况,要有严厉的"惩戒机制",并且务必执法到位。其三,将权力的执行者一视同仁地绑定在"囚徒困境"中。其四,"囚徒困境"

---

① 王岩,施向峰.批判与启示:西方近现代政治哲学流派研究[M].北京:中国社会科学出版社,2011:142.
② 张维迎.博弈与社会[M].北京:北京大学出版社,2013:37.

是闭合的,所有在困境中的人都必须遵守游戏规则,摈弃特权与特权意识。

四、推进政治国家与公民社会之间的良性互动

最近,关于公民社会的争议如火如荼,并且表现为两类比较对立的观点:其一,公民社会发展论(以下简称"发展论")。以俞可平为代表的学者认为公民社会是社会主义市场经济的产物,并且在推动社会主义民主政治发展过程中发挥着重要的作用。例如,俞可平从"善政"和"善治"的角度指出中国公民社会存在和发展的必然性和重要性:公民社会不仅有助于推进中国特色的民主政治和政治文明进程,而且也有助于市场经济的健康发展,有助于提高中国共产党的执政能力,有助于构建社会主义和谐社会①。党秀云从民主政治建设的角度指出,公民社会在推动一个国家的民主政治建设与政治民主化进程中扮演着重要的角色并发挥着十分重要的作用,具体在于:影响政府决策,促进政治参与,推动社会自治,监督政府权力,推进政治民主,推动政府改革和增进社会稳定等②。"发展论"学派从公民社会理论的本真状态、发展路径、存在基础、实践价值等方面极力主张公民社会对于社会发展的战略意义。其二,公民社会恐慌论(以下简称"恐慌论")。《参考消息》于2012年9月转载了越南《人民报》的文章《"公民社会"——和平演变的一种手段》。文章称,一些人提出应当致力于将越南建设成为符合西方世界价值观的公民社会。"公民社会"已沦为政权更迭的工具,西方国家企图借助这一工具和平颠覆越南的社会主义制度③。与此同时,时任中央综治委副主任、中央政法委秘书长的周本顺在《求是》上发文指出:社会管理不能落入公民社会陷阱,强调"党委领导、政府负责、社会协同、公众参与的社会管理格局,是我们政治优势、制度优势的具体体现,是加强和创新社会管理的根本,要大力加以完善"。"恐慌论"学派从意识形态安全的角度提出了中国公民社会未来发展的可能隐患,为基础理论研究敲响警钟。这样的争论体现了当代中国学者的担当意识、责任意识和忧患意识。同时争论的内容和争论本身引发了笔者的一些思考。

---

① 俞可平.民主与陀螺[M].北京:北京大学出版社,2006:30.
② 党秀云.公民精神与公共行政[J].中国行政管理,2005(8):105-108.
③ "公民社会"——和平演变的一种手段[N].参考消息,2012-09-21.

本书比较认同俞可平界定公民社会的观点①，公民社会可以说非公非私，亦公亦私，它具有公共属性，但不由公共部门直接领导。从它的物质形态来看，它不以营利为目标，因此，不具备市场性，独立于市场系统之外；从它的精神实质来看，公民社会的运转需要组织系统的自发自愿，也就是说，公民社会内在蕴含着一种责任意识和奉献精神，因为它的服务对象不会对它直接产生效用。因此，这样的组织具有自发性、非营利性、非政府性，作为独立于市场和政府之外的第三方，可以缓解市场和政府间的张力。同时，国家与公民社会之间的良性互动对于现实政治的健康运行具有重要的作用。

第一，社会主义公民社会有助于推动生产力的发展。从物质层面来看，公民社会通过积极参与各类经济活动，推动经济合作，促进经济发展，提供就业机会，扩大就业渠道。各类社会组织中的从业人员正在迅速增加，目前已有专职人员540万人，兼职人员500多万人，注册志愿者2 500多万人。许多经济类社会组织和行业组织，在规范行业行为，维护市场秩序中同样发挥了不可替代的作用②。从精神层面来看，社会主义公民社会有助于培育公民的主体性，发挥他们从事社会实践的积极性、主动性、创造性，从而推动生产力的发展。根据张岱年先生的观点，主体性包含独立性、自觉性、主动性。独立性是肯定自己的独立存在；自觉性即具有自我意识，自己能够意识到自己；主动性即具有改造环境的能动力量而不屈服于环境③。社会主义公民社会能够使公民在经济生活中充分发挥个人的聪明才智和创造力，在寻求个人利益最大化的同时，创造更多的社会财富；使公民在政治生活中积极广泛、有序有效地主张和维护其政治权利，弘扬个性自由和自律精神，塑造公共精神和社会责任感④。

第二，社会主义公民社会有助于引领先进政治文化。社会主义公民社会能够培育以责任意识、公德意识为支撑的公民精神，以公开、公平、公正为核心的积极参

---

① 公民社会指的是国家和政府之外的所有民间组织或民间关系的总和，是民间的公共领域。为了准确表达此概念，俞可平特别强调了公民社会的"非官方性"和"非营利性"。非官方性就是非政府性，但是非政府不是同政府没有关系，更不是同政府对立，仅仅是强调该组织不属于政府组织系统。非营利性是指公民社会没有营利目的，但不排除在经费匮乏的情况下，为了维持生存和发展不得不从事一些收取费用的活动。
② 俞可平.民主与陀螺[M].北京：北京大学出版社，2006：38.
③ 张岱年.文化与哲学[M].北京：中国人民大学出版社，2006：84.
④ 俞睿,皋艳.公民意识：中国政治现代化的驱动力[J].求实，2006(1)：66.

与公共事务的政治意识,以良知、奉献为重要内容的为人民服务的志愿者精神。

公民精神是公民对"公共"所持有的一种信念与承诺,意味着公民对"公共"的热心、关爱与尊重,凸显公民对"公共"的责任与义务,表现着公民崇高的公共品德与素养。公民对"公共"的承诺饱含责任意识。它要求公民除了"独善其身",还要"相善其群"。责任意识是维系社会良性运行的基础。公德意识是自觉地维护公共秩序的意识。公民社会组织的公益性有助于培育公民的社会公德意识。

政治意识是政治行为的先导,是制定政治制度的基础。政治文明首先应该是政治意识文明。公民社会的自治理念为公民确立政治参与意识提供了丰润的滋养,公民社会的契约精神为公民确立政治参与意识提供了思想保障。公民以个人为单位逐渐整合为以社团、非政府组织为单位的社群,以此来表达政治诉求,参与或影响公共事务的管理和决策,从而为民主政治的发展奠定良好的社会秩序。

社会转型期的群体心理是复杂和多变的,对社会主义核心价值体系的认同和内化需要一个过程。"法不责众"的人治文化和"私利膨胀而漠视公共利益"的行为屡有发生,规则破坏者可以在集体行为的迷彩服和法不责众的防弹衣下,放纵自我,破坏着社会主义政治文明。在社会急剧转型的今天,基于人性的良知和志愿者精神的道德律,成为我们的心灵稀缺物。公民社会蕴含的志愿者精神对于维护公民的良知、培养公民的奉献精神具有重要的示范作用,它们在人们心中唤起的惊奇和敬畏将会越来越历久弥新,犹如头上浩瀚的星空,常规持久、深入人心[①]。

第三,社会主义公民社会有助于权力的监督和制约。政治权力是需要加以制约和监督的。权力若失去制约和监督就必然会导致腐败。"权力导致腐败,绝对的权力绝对地导致腐败。"阿克顿的至理名言道出了国家权力被滥用的危害性。失控的权力必然会走向集权与专制,而以权利对国家权力加以制约并形成权力制衡乃是实现政治发展的重要途径之一。20世纪90年代以来,亚洲有些国家的非政府组织逐渐成为制衡国家权力的重要力量,在政治民主化进程中起到了不可估量的作用。

当前,我国公民社会在权力的监督和制约方面发挥了重要作用。例如,2007年的厦门市民抵制PX化工项目事件,市民自发成立"厦门611环保志愿者联盟",

---

[①] 李永杰.论公民社会组织对公共精神的涵化[J].石河子大学学报(哲学社会科学版),2012(2):51-55.

向全国政协提交"关于厦门海沧PX项目迁址建议的提案",给福建省委省政府、厦门市委市政府领导写信,向政府反映PX化工项目的环境危害性,最终使得经中央批建的PX化工项目迁建福建漳州。特别值得一提的是,信息网络日益成为公民广泛参与政治的有效手段和途径,为公民提供了各种开放性的政治参与途径和方式,有利于完善制约和监督机制,确保权力正确行使,让权力在阳光下运行。

但是,我国公民社会的发展也存在一些问题:大多数公民社会是一种典型的政府主导型的公民社会,具有明显的官民双重性。其活动受政府影响较大,其自治程度明显不高,由此,一定程度上影响了公民社会的民主政治功能。

第四,社会主义公民社会有助于促进社会和谐。社会矛盾的产生主要来自利益冲突——个体间的利益、阶层间的利益冲突。所以,促进社会和谐的重要手段就是基于价值导向的利益协调。之所以这么说是因为利益没有价值导向,唯利是图,就会陷入极端利己主义,也就意味着不可协调。资本主义条件下的市民社会即是如此。社会主义公民社会以新型集体主义原则为其价值导向。新型集体主义以人民为价值评判导向,具体表现为:以互惠互利为前提,以公平和公正为杠杆,以奉献精神为导向,在结果上力求"双赢"——利己与利他的平衡和"互补",效率与公平的平衡,在让公民个人的首创精神和聪明才智充分施展的同时,弘扬人对社会的贡献。这是一种政治认知、政治情感等感性层面的不自觉的确立,是与市场经济运行机制相适应的政治价值观念体系的实践过程[①]。新型集体主义原则下,人们行为的基本原则取向是:功利性为基础,奉献性为导向;社会主义公民社会强调权利义务、自由与责任的统一,是一个以民主、商谈、参与为特征的社会,呈现了国家、市场、社会公众等各种不同的力量间的平衡。社会主义公民社会的发展就意味着存在一部渗透着自由、民主和人权理念的宪法,众多充满着活力的民间团体、社区组织,提供制约与纠错功能的健全的公共领域,在公民自由平等参与政治生活中实现一种和谐的理想。

建构社会主义公民社会,对于当代中国来说,将给中国政治转型开辟出一条新的路径选择,使政治民主化由上而下的推进转为上下的双向建构和良性互动。社会主义公民社会的发展与完善,必将塑造健康饱满的政治人格,能够高扬公民的政治主体性,创建丰富的社会资本,为政治民主的发展提供新的价值导向。

---

① 王岩.市场经济条件下集体主义的建构原则[J].毛泽东邓小平理论研究,2003(3):57-61.

第三节　推进社会主义政治自由的政治行为建设

人们与政治环境发生关系,参与社会的政治生活时,表现为政治行为。简单地说,人们在政治生活中的各种活动就是政治行为[①]。推进社会主义政治行为文明建设的实质和核心是构建新型政治参与模式和新型政治管理模式。

一、构建新型政治参与模式

社会主义政治参与的主体是人民群众,要改变在现实政治生活中人民群众被置于被教育、被管理、被监督的客体地位,构建自下而上的新型政治参与模式。

(一) 构建以"共同体—个体互构"为范式的政治参与模式

社会主义政治参与是具有"共同体—个体"关系意义的社会行为。在政治参与的范畴中,共同体主导性的充分发挥与个体主体性的充分弘扬相辅相成,"共同体—个体互构"是社会主义政治参与的本真状态与本质要求。

(二) 构建以"有序"为原则的政治参与模式

政治参与方式的发展趋向,总是从低级的"无序"逐步向高级的"有序"不断螺旋上升的。政治行为文明往往取决于政治参与的有效性。政治参与的有序化程度越高,政治参与的水平就越高,就越有可能得到社会的广泛支持,从而对政府的决策产生更大的影响[②]。

(三) 构建以"基层"为重点的政治参与模式

"基层"是社会的基础和细胞,"基层"民主权利在多大程度上得到有效保障,是判断政治参与模式的一个重要标志。如果政府、社会听不到老百姓,尤其是弱势群体的呼声,如果老百姓的诉求得不到充分、真实而有效的表达,那么执政党的群众基础必将削弱。目前,在推进我国社区、农村、企业等基层民主政治建设中,存在路径单一、渠道不畅和参与不深等诸多问题,必须予以正视。设计一个能够真实表达"基层"民意的政治话语机制是推进政治体制改革的关键。基层民意的聚焦处就是

[①] 虞崇胜.政治文明论[M].武汉:武汉大学出版社,2003:185.
[②] 虞崇胜.政治文明论[M].武汉:武汉大学出版社,2003:208.

改革的攻坚处。在推进社会主义民主政治的进程中,建设真实表达基层民意的政治话语机制是当务之急的。

(四)构建以"价值"为导向,以"利益"为目标的政治参与模式

马克思说:"追求利益是人类一切社会活动的动因,利益对政权具有决定作用。"[①] 对政治参与进行利益的还原,是构建新型政治参与模式的一个基本维度。

随着社会主义市场经济体制的建立,不同的利益群体有着不同的利益表达诉求,社会关系与矛盾日趋错综复杂,社会利益格局不断分化、调整和重构。改革一定会调整利益结构,变革会引起利益的重新分配。在这样的情况下,构建政治参与模式的价值导向,首先要尊重和保护各个社会阶层和群体的利益诉求,特别是社会弱势群体的政治参与不被排斥和侵犯,否则,很容易导致出现"从忍受和沉默跳到极端的反抗,或是从上访这种温和的抗议方式升级为极端行为"[②]。

因此,在有关公共政策和法规的制定、实施和评估中必须以社会主义核心价值观为导向,这样新型政治参与模式的构建也必将秉承社会主义核心价值观。没有正确的价值导向的利益追求容易导致社会的失序,因此必须引导公民有序地参与政治,平等地享有基本的自由权利,这样才能最大程度上化解社会矛盾与冲突,维护和保障最广大人民群众的根本利益,推进社会主义政治认同,推动社会主义政治文明建设,构建全社会和谐相处的政治局面。

二、构建新型政治管理模式

目前,在政治文明建设的道路上,出现了一些有利的因素。第一,民众有底线的共识,认为社会不能乱,并在此基础上增进个人的政治福利。第二,互联网大大提高了公民的政治参与意识与政治参与行为。第三,中央的权威相对来说较稳定,经过多年的发展,政治体制改革在大的主要的方面取得了明显进展,比如权力交接的制度化、高层集体领导制、梯队接班制、条块代表制、执政党权力非个人化等。第四,政治建设理念先进,如学习型政党、自我反省型政党和奉献型政党,这使得执政党的低调谦逊、无私奉献的形象深入人心。第五,政府治理理念先进。从服务型政府、责任型

---

① 马克思,恩格斯.马克思恩格斯选集:第1卷[M].中共中央马克思恩格斯列宁斯大林著作编译局,译.北京:人民出版社,1995:57.
② 李元书,刘昌雄.新中国推进政治参与的经验和教训分析[J].探求,1997(6):48−51.

政府、学习型政府到透明政府、回应政府和公信政府,这些有利因素可以维护公民的权利要求,促进权利的制度化保障。因此,构建新型政治管理模式要围绕这些有利因素,以进一步强化政治对话、政治协商,规范政治行为,促进政治文明。

(一)强化以"对话协商"为重点的政治管理模式

一方面要形成真实表达民意的政治话语机制,确保个人的政治话语权;另一方面要建立充分沟通整合的政治协商机制,确保集体理性的达成。这是促进社会与个体互动、互构的关键。

20世纪40年代,陕甘宁边区的民主选举采用豆选。所谓豆选,也就是候选人坐在前面,在其后面放一个碗,农民选几个人就给他们发几颗豆子,然后让农民在候选人后面的碗里投豆子。这种形式需要的就是秘密投票。秘密投票的办法很简单,投票时手放在袖子里面,每一个碗上都要点一下,这样候选人就不知道你是不是投给了他。共产党之所以进行秘密投票,是在解放人。当时晋察冀等地方的城市被日本人占领,而共产党还没有实际控制农村,农村还掌握在地主手里。如果发动群众选出一些共产党支持的候选人,采用举手形式的话,农民是不敢举手的,即使他们心里非常想要投给共产党支持的候选人,但是回去后地主都会找麻烦,因此,秘密投票就是要解放农民,要让农民真实地表达他们的意愿。不秘密投票,农民就会害怕,能够秘密投票,农民就不会恐惧,不恐惧才会投票给共产党支持的候选人。秘密投票就是让人诚实表态的机制,投票不秘密,金钱暴力就会影响个人的选择。"豆选机制"确保了老百姓真实有效地表达自己的政治诉求,同时又恰到好处地保护了老百姓的安全。

如今,共产党已经从革命党变成了执政党,我们的选举制也都是匿名投票,投票人通过实施自己的选举权相对真实有效又安全地表达自己的政治诉求。但是,新的问题出现了,网络一方面开创了新的政治发展空间,另一方面也为产生新的政治污染提供了便捷快速的渠道。所以,提取民意虽然要广泛借助网络,但同时网络上的民意绕开了传统政治需要中间环节来代议的政治生态,很容易使所谓的"馅饼"变成陷阱。所以,用法律的手段规范网络、净化网络才能保证民意的真实有效,才能进一步发挥网络的积极作用。

(二)强化以"利益和谐"为目标的政治管理模式

社会主义政治和谐首先表现为利益和谐。"天下熙熙皆为利来,天下攘攘皆为利往",在为争取利益来来往往的过程中,人类历史的发展呈现出了冲突性和不平衡性。柏拉图的理想国、孔子的大同世界、陶渊明的桃花源、洪秀全的太平天国、孙中山的天下为公……这一系列在人类历史上曾经发出光芒的思想无一不包含了对社会和谐的渴望,当然,受制于历史条件,这些思想有如昙花一现,终归沉寂。社会主义政治和谐的超越性在于:其一,社会主义本身就标志着我们追求政治和谐的时代条件已经相对成熟——生产力飞速发展,生产关系相对均衡。其二,社会主义所追求的政治和谐不是没有利益矛盾和冲突,而是容纳和及时化解利益矛盾和冲突,使得利益格局相对均衡、利益矛盾相对缓和的一种状态。

利益和谐的首要标准就是利益的分配是否最大程度地促进了社会的公平正义。当前,随着贫富差距、地区差距、城乡差距的拉大,阶层分化的趋势明显,社会的利益结构自发重组。因此,应建立与时俱进的利益表达机制,充分保障各利益群体的话语渠道,使得利益主体的利益诉求能够及时有效地渗透到社会政治场域中。如果被差异化的弱势群体利益得不到保障,和谐社会的建设就会失去群众基础,社会矛盾就会被激化,稳定的社会政治秩序就会瓦解。为此,拓宽社会民情民意表达渠道,健全社会舆情汇集和分析机制,把社会公众利益诉求纳入制度化、规范化、法制化的轨道,使各种利益主体尤其是弱势群体具有利益表达的畅通渠道,对于构建社会主义和谐社会十分必要[①]。

(三)强化以"价值认同"为核心的政治管理模式

价值认同是个体与共同体之间通过相互交往而在观念上形成的价值共识。价值认同是政治认同的心理基础。对政治共同体而言,价值认同能够使公民自觉拥护和支持共同体的方针政策,从而减少政治管理的成本,增加政治管理的效益。因此,政治共同体在政治治理和各种政治活动中,尽量输出贴近生活、贴近实际、贴近公民个体需求的政治价值和主张,以此得到公民的拥护和支持,规范公民的政治行为。价值认同既是政治管理的目标指向,又是社会成员在社会政治生活中对政治体系的政治接受和政治支持,反映着政治体系和社会成员之间政治的认同和认同的政治之间的契合关系。

---

① 张贤明.社会主义和谐社会与政府责任[J].政治学研究,2006(4):51-57.

结　语

人间最美话"自由"

社会主义制度在中国已经走过了大半个世纪了,一路的风声鹤唳,我们不再"摸着石头过河",而是已经涉入了"改革深水区";我们不再"白猫黑猫,抓到老鼠就是好猫",而是"深刻反省,抓到老鼠的未必是好猫",这是社会主义制度的自我反省、自我完善。

20世纪的风云变幻曾经为社会主义带来了光荣与梦想、骄傲与荣耀,但是,由于理论上对社会主义建设规律的认识不足,实践中受到西方意识形态的干扰,20世纪结束的时候,16个社会主义国家只剩下了5个,社会主义运动受到重挫,而在此期间,中国特色社会主义伴随着改革开放的步伐逐渐成为社会主义阵营的中流砥柱,马克思主义在中国显示出强大的生命力。

我们必须清醒地认识到:改革开放以来,中国的发展是近粗放式的,或者说,从形式到内容还没有形成完全的统一。中国的老百姓摆脱了饥饿,这只是在肉体层面,他们的精神领域是否还是蛮荒之地呢?社会发生的一系列事件值得我们反思:小悦悦、毒奶粉、我爸是李刚、虐童……21世纪中国广大农村推行了社会主义新农村建设工程,有些地方还搞起了社会主义小康示范村,一条条宽敞整洁的水泥路通往各村,每隔几米就有垃圾桶。但是,当笔者亲身在小康示范村待了一段时间之后发现,当地的老百姓还是乱扔垃圾,并且由于不满垃圾桶就在自家门前不远处,竟然发生了好几起砸垃圾桶的事件。村官不敢管,因为有些老百姓很蛮横。

与此同时,中国官员的腐败引起世人关注。权力的滥用、被践踏,公信力的下降,权力寻租、权色交易以致引发老百姓的"仇官心态"……

以上种种都表明,我们是一个还没有完全现代化的发展中国家,这个现代化应该是一个全方位的,包括经济、政治、文化,尤其是观念的现代化。我们缺乏与现代化发展相匹配的政治文明:文明的意识、文明的制度、文明的行为。所以,我们要呼唤政治文明,我们要推进政治文明!而政治自由则是政治文明的重要一环!缺乏政治自由,经济自由就会无疾而终;缺乏政治自由,权利无法维护,权力易被滥用。

当然,政治自由是相对的,有条件的。我们不畏惧"政治自由"这个舶来品,作为人类政治文明的结晶,我们对其借鉴、吸收;但是,我们不可采用拿来主义、囫囵吞枣,那样势必前功尽弃!必须以马克思主义的立场、观点和方法,批判性地借鉴、吸取西方政治文明成果。

政治自由的发展以生产力的发展为基础,同时,政治自由的发展要具体情况具体分析。这就是说,有中国特色的民主政治建设,要与中国的具体国情相结合,要与中国的经济发展、文化建设和思想建设相适应。马克思主义提倡政治自由,但绝不是自由至上主义,这一点,我们始终要有清醒的认识。在东西方意识形态斗争的过程中,要敢于用马克思主义政治自由观对自由主义政治自由观亮剑!

马克思主义的政治自由在中国已经茁壮成长。应该看到,与过去专注于温饱相比,今天的人民权利意识大大增强,权利诉求大大扩展,已经不再"知足常乐",有着日益多样、层次更高的需求和诉求。但是,马克思主义的理想——实现人的自由而全面发展的物质基础还不成熟,因此我们不能"不顾一切"地去追求自由,追求自由与实现满足人民群众日益增长的物质和文化需要并驾齐驱,同样重要。自由是发展的目标和归宿,但又是发展的前提和条件!

过去,人们对政治自由的追求与向往缺乏现实土壤。经过70年的社会主义建设,特别是40多年的改革开放,中国特色的社会主义极大地释放了个人的利益空间和能动性,经济自由、政治自由、社会发展之间关系日益紧密,自由成为社会主义发展的必要条件和实现目标。一方面,市场经济发展为政治自由建设提供了强劲动力,另一方面,政治自由建设又要为其他一切要素有效运转提供良好条件。

今天,人们对社会主义政治自由的要求更高,因为马克思主义政治自由观非常强调人民和政府的关系,这既是人自身发展的需要,也是对权力控制的需要,充分体现了人民当家做主这个社会主义民主的本质要求,最终是为了构建和谐党群、干群关系的生存样态。因此,我们必须在马克思主义政治自由观的指导下,大力发展社会主义民主,坚决贯彻人民群众当家做主的原则[①],通过推进政治民主化进程,

---

① 廉海波.论马克思的和谐社会思想及其实践意义[J].探索与争鸣,2008(9):26-29.

最大限度地落实公民的知情权、参与权、表达权、监督权,使社会生活更文明自由,使政治生活更民主平等。

  未来,人们对政治自由的期待更为理性,是因为马克思主义政治自由观告诉我们:社会的全面、持续、协调发展是一个循序渐进的过程,"欲速则不达",我们要坚持全面、协调和可持续的发展观。经济、政治、文化、社会改革要亦步亦趋、环环相扣、相互牵引、共同发展。在这一过程中,既要高扬社会主义民主的崇高理想,又要脚踏实地推进国家治理的制度机制创新。唯有如此,马克思主义政治自由观才能在社会主义建设的过程中发出耀眼光芒!

主要参考文献

(一) 中文文献

[1] 阿巴拉斯特.西方自由主义的兴衰[M].曹海军,等译.长春:吉林人民出版社,2004.

[2] 柏拉图.理想国[M].郭斌和,张竹明,译.北京:商务印书馆,1986.

[3] 边沁.道德与立法原理导论[M].时殷弘,译.北京:商务印书馆,2000.

[4] 伯林.扭曲的人性之材[M].岳秀坤,译.南京:译林出版社,2009.

[5] 伯林.以赛亚·伯林书信集:卷1:飞扬年华:1928—1946[M].陈小慰,叶长缨,译.南京:译林出版社,2012:35.

[6] 伯林.自由及其背叛[M].赵国新,译.南京:译林出版社,2005.

[7] 伯林.自由论:《自由四论》扩充版[M].胡传胜,译.南京:译林出版社,2003.

[8] 蔡英文.政治实践与公共空间:阿伦特的政治思想[M].北京:新星出版社,2006.

[9] 陈小鸿.论人的自由全面发展[M].北京:人民出版社,2004.

[10] 丛日云.西方政治思想史:第二卷:中世纪[M].天津:天津人民出版社,2005.

[11] 丛日云.西方文明讲演录[M].北京:北京大学出版社,2011.

[12] 丛日云.西方政治文化传统[M].长春:吉林出版集团有限责任公司,2007.

[13] 邓利维,奥利里.国家理论:自由民主的政治学[M].欧阳景根,尹冬华,孙云竹,译.杭州:浙江人民出版社,2007.

[14] 董志强.身边的博弈[M].北京:机械工业出版社,2007.

[15] 冯亚东.平等、自由与中西文明[M].北京:法律出版社,1992.

[16] 高建.西方政治思想史:第三卷:16—18世纪[M].天津:天津人民出版社,2005.

[17] 格雷.自由主义的两张面孔[M].顾爱彬,李瑞华,译.南京:江苏人民出版社,2005.

[18] 贡斯当.古代人的自由与现代人的自由:贡斯当政治论文选[M].阎克文,刘满贵,译.北京:商务印书馆,1999.

[19] 古尔德,瑟斯比.现代政治思想:关于领域、价值与趋向的问题[M].杨淮生,王缉思,周琪,译.北京:商务印书馆,1985.

[20] 顾肃.自由主义基本理念[M].北京:中央编译出版社,2003.

[21] 哈耶克.个人主义与经济秩序[M].邓正来,译.上海:复旦大学出版社,2012.

[22] 哈耶克.通往奴役之路[M].王明毅,冯兴元,译.修订版.北京:中国社会科学出版社,2013.

[23] 何增科.公民社会与民主治理[M].北京:中央编译出版社,2007.

[24] 赫费.政治的正义性:法和国家的批判哲学之基础[M].庞学铨、李张林,译.上海:上海译文出版社,2005.

[25] 黑格尔.哲学史讲演录:第1卷[M].贺麟,王太庆,译.北京:商务印书馆,1997.

[26] 侯惠勤.侯惠勤自选集[M].北京:学习出版社,2012.

[27] 胡伟希,高瑞泉,张利民.十字街头与塔:中国近代自由主义思潮研究[M].上海:上海人民出版社,1991.

[28] 霍布豪斯.自由主义[M].朱曾汶,译.北京:商务印书馆,2002.

[29] 贾汉贝格鲁.伯林谈话录[M].杨祯钦,译.南京:译林出版社,2011:35.

[30] 江宜桦.自由民主的理路[M].北京:新星出版社,2006.

[31] 金里卡.当代政治哲学:上[M].刘莘,译.上海:上海三联书店,2004.

[32] 康德.道德形而上学基础[M].孙少伟,译.北京:中国社会科学出版社,2009.

[33] 李强.自由主义[M].北京:中国社会科学出版社,1998.

[34] 李泽厚.中国近代思想史论[M].天津:天津社会科学院出版社,2003.

[35] 里普森.政治学的重大问题:政治学导论[M].刘晓,等译.北京:华夏出版社,2001.

[36] 林剑.人的自由的哲学思索[M].北京:中国人民大学出版社,1996.

[37] 刘军宁.保守主义[M].北京:中国社会科学出版社,1998.

[38] 刘军宁.北大传统与近代中国:自由主义的先声[M].北京:中国人事出版社,1998.

[39] 刘军宁.共和·民主·宪政:自由主义思想研究[M].上海:上海三联书

店,2000.

[40] 刘少杰.当代中国意识形态变迁[M].北京:中央编译出版社,2012.

[41] 卢梭.社会契约论[M].何兆武,译.3版.北京:商务印书馆,2003.

[42] 罗尔斯.政治自由主义[M].万俊人,译.南京:译林出版社,2000.

[43] 罗素.西方哲学史[M].何兆武,李约瑟,译.北京:商务印书馆,2002.

[44] 洛克.政府论两篇[M].赵伯英,译.西安:陕西人民出版社,2004.

[45] 马基亚维里.君主论[M].张志伟,梁辰,李秋零,译.西安:陕西人民出版社,1999.

[46] 马克思,恩格斯.德意志意识形态:节选本[M].中共中央马克思恩格斯列宁斯大林著作编译局,译.北京:人民出版社,2003.

[47] 马克思,恩格斯.共产党宣言[M].中共中央马克思恩格斯列宁斯大林著作编译局,译.北京:人民出版社,1997.

[48] 马克思,恩格斯.马克思恩格斯选集:第1卷[M].中共中央马克思恩格斯列宁斯大林著作编译局,译.北京:人民出版社,1995.

[49] 马克思,恩格斯.马克思恩格斯选集:第2卷[M].中共中央马克思恩格斯列宁斯大林著作编译局,译.北京:人民出版社,1995.

[50] 马克思,恩格斯.马克思恩格斯选集:第3卷[M].中共中央马克思恩格斯列宁斯大林著作编译局,译.北京:人民出版社,1995.

[51] 马克思,恩格斯.马克思恩格斯选集:第4卷[M].中共中央马克思恩格斯列宁斯大林著作编译局,译.北京:人民出版社,1995.

[52] 马克思,恩格斯.资本论:第1卷[M].中共中央马克思恩格斯列宁斯大林著作编译局,译.北京:人民出版社,2004.

[53] 马克思.1844年经济学哲学手稿[M].中共中央马克思恩格斯列宁斯大林著作编译局,译.北京:人民出版社,2000.

[54] 马松源.论语:第1卷[M].北京:线装书局,2011.

[55] 马松源.论语:第2卷[M].北京:线装书局,2011.

[56] 马松源.论语:第3卷[M].北京:线装书局,2011.

[57] 马松源.论语:第4卷[M].北京:线装书局,2011.

[58] 米勒.政治哲学与幸福根基[M].李里峰,译.南京:译林出版社,2013.

[59] 潘天群.博弈生存:社会现象的博弈论解读[M].3版.南京:凤凰出版社,2010.

[60] 启良.西方自由主义传统:西方反自由至新自由主义学说追索[M].广州:广东人民出版社,2003.

[61] 塞耶斯.马克思主义与人性[M].冯颜利,译.北京:东方出版社,2008.

[62] 桑德尔.自由主义与正义的局限[M].万俊人,等译.南京:译林出版社,2001:41.

[63] 石元康.当代西方自由主义理论[M].上海:上海三联书店,2000.

[64] 史蒂文森.人性七论[M].袁荣生,张燕生,译.北京:商务印书馆,1994.

[65] 唐君毅.中国文化之精神价值[M].南京:江苏教育出版社,2006.

[66] 王乐理.西方政治思想史:第一卷:古希腊、罗马[M].天津:天津人民出版社,2005.

[67] 王岩,施向峰.批判与启示:西方近现代政治哲学流派研究[M].北京:中国社会科学出版社,2011.

[68] 王岩.西方政治哲学导论[M].南京:江苏人民出版社,1997.

[69] 王岩.政治哲学:理性反思与现实求索[M].北京:世界知识出版社,2006.

[70] 文选德.《道德经》诠释[M].2版.长沙:湖南人民出版社,2005.

[71] 吴春华.当代西方自由主义[M].北京:中国社会科学出版社,2004.

[72] 吴春华.西方政治思想史:第四卷:19世纪至二战[M].天津:天津人民出版社,2005..

[73] 吴玉章.论自由主义权利观[M].北京:中国人民公安大学出版社,1997.

[74] 西塞罗.国家篇 法律篇[M].沈叔平,苏力,译.北京:商务印书馆,2002.

[75] 肖厚国.自然与人为:人类自由的古典意义:古希腊神话、悲剧及哲学[M].上海:华东师范大学出版社,2006.

[76] 谢林.冲突的战略[M].赵华,等译.北京:华夏出版社,2011:105.

[77] 徐大同.当代西方政治思潮:20世纪70年代以来[M].天津:天津人民出版社,2001.

[78] 徐友渔.重读自由主义及其他[M].开封:河南大学出版社,2008.

[79] 许纪霖.公共性与公民观[M].南京:江苏人民出版社,2006.

[80] 亚里士多德. 政治学[M]. 吴寿彭,译. 北京:商务印书馆,2009.

[81] 伊斯顿. 政治生活的系统分析[M]. 王浦劬,译. 北京:人民出版社,2012.

[82] 应奇,刘训练. 第三种自由[M]. 北京:东方出版社,2006.

[83] 应奇,刘训练. 公民共和主义[M]. 北京:东方出版社,2006.

[84] 应奇,刘训练. 共和的黄昏:自由主义、社群主义和共和主义[M]. 长春:吉林出版集团有限责任公司,2007.

[85] 俞可平. 民主与陀螺[M]. 北京:北京大学出版社,2006.

[86] 俞可平. 权利政治与公益政治[M]. 北京:社会科学文献出版社,2005.

[87] 俞可平. 增量民主与善治[M]. 北京:社会科学文献出版社,2005.

[88] 虞崇胜. 政治文明论[M]. 武汉:武汉大学出版社,2003.

[89] 张岱年. 文化与哲学[M]. 北京:中国人民大学出版社,2006.

[90] 张凤阳,等. 政治哲学关键词[M]. 南京:江苏人民出版社,2006.

[91] 张凤阳. 现代性的谱系[M]. 南京:南京大学出版社,2004.

[92] 张维迎. 博弈与社会[M]. 北京:北京大学出版社,2013.

[93] 周永坤. 规范权力:权力的法理研究[M]. 北京:法律出版社,2006.

[94] 朱学勤. 道德理想国的覆灭:从卢梭到罗伯斯庇尔[M]. 上海:上海三联书店,2003.

(二) 英文文献

[1] Adams M. Humanistic values[J]. International Journal for Philosophy of Religion,2003,54(2):65-76.

[2] Alford C F. Rethinking freedom:why freedom has lost its meaning and what can be done to save it[M]. New York:Palgrave Macmillan,2005.

[3] Benn S I. A theory of freedom[M]. Cambridge, New York:Cambridge University Press,1988.

[4] Berlin I. Four essays on liberty[M]. Oxford:Oxford University Press,1984.

[5] Bouckenooghe D,Buelens M,Fontaine J, et al. The prediction of stress by values and value conflict[J]. The Journal of Psychology,2005,139(4):369-384.

[6] Clayton J. Universal human rights and traditional religious values[J]. Society,2004,41(2):36-41.

[7] Cowling M. Mill and liberalism[M]. Cambridge, New York: Cambridge University Press,1990.

[8] De Lara P. Are there democratic values? [J]. Diogenes,2002,49(195):1-55.

[9] Fleischacker S. A third concept of liberty[M]. Princeton: Princeton University Press,1999.

[10] Habermas J. Between facts and norms:contributions to a discourse theory of law and democracy[M]. Massachusetts: Massachusetts Institute of Technology Press,1996.

[11] Halliday T C,Karpick L, Felley M M. Fighting for political freedom[M]. Oxford; Portland, Oregon:Hart Publishing,2007.

[12] Hayek F A. Law, legislation and liberty: Volume 3[M]. Chicago,London: The University of Chicago Press,1978.

[13] Hyun I. Authentic values and individual autonomy[J]. The Journal of Value Inquiry,2001,35(2):195-208.

[14] Moore A D. Values,objectivity,and relationalism[J]. The Journal of Value Inquiry,2004,38(1):75-90.

[15] Potter D,Democratization[M]. Malden, Ma:Polity Press,1997.

[16] Putnam R A. Perceiving facts and values[J]. Philosophy,1998,73(283):5-19.

[17] Thacher D, Rein M. Managing value conflict in public policy[J]. Governance,2004,17(4):457-605.

[18] Wolfradt U, Dalbert C. Personality, values and belief in a just world[J]. Personality and Individual Differences,2003,35(8):1911-1918.

后　记

漫漫求知路

我的人生：丰富、精彩、跌宕起伏。

1998年本科毕业，去深圳工作了两年半，特区工作的快节奏、特区生活的现代化，以及"快餐式"的友情和爱情，都给我留下了深刻的印象。由于离家太远，我又坐上了开往南京的列车。

回到南京，我尝试做了几个月的记者，又在企业从事了管理工作，最终，都放弃了。因为不喜欢。

我喜欢什么呢？我常常扪心自问。我开始回忆：在很小的时候，我喜欢在漫长的夏夜仰望星空，勾画我心中的梦想；喜欢在清澈的小河边看流水；喜欢清晨露珠还没有消散的时候在小路上散步；喜欢听蛙叫，鸟鸣；喜欢在小河里游泳，虽然常常踩了一脚的淤泥。大自然，成为儿时的我的天然乐园。

工作以后，我很少去想自己到底喜欢什么。我似乎在为了物质生活而学习、工作。当我给了自己一段时间的思考之后，我决定彻底改变人生的航向——试着去研究哲学，也许还会不喜欢，但还是可以改变的，我这么对自己说。

于是，便有了在南航读硕士的我。在这里，我非常感谢我的硕士生导师（后来也是我的博士生导师），他把我带入了一个五彩斑斓、引人入胜的政治哲学的世界中，也拉开了我漫漫求知路的帷幕。我沉醉其中，犹如沉醉于大自然，生活中俨然多了一份乐趣，也多了一份牵挂。从概而论之的西方政治思想史，到而后的分人头读的以赛亚·伯林、让-雅克·卢梭、邦雅曼·贡斯当等等，西方的思想大师，赋予了我丰富的思想和与众不同的人生体验。

硕士毕业之后的五年，我曾一度奋斗在军校的讲台上。之后，由于对政治哲学事业的钟情，我又选择了攻读博士学位。

读博这三年，我的人生凑巧也发生了一些动荡与变革。这在某种程度上影响了我的心态,但是,小时候在大自然的怀抱中养成的乐观与豁达,使得我及时调整了自己的状态,继续自己的研究工作。

  博士期间的科研工作,就是在纠结、无奈、复杂而后豁达的心路历程中完成的。这期间,我重点完成了与以赛亚·伯林的系统对话,同时系统学习了 1995 版的《马克思恩格斯选集》,并将之与自己珍藏的 1972 版的《马克思恩格斯选集》进行了比较阅读;这期间,为了扩展知识,捕获前沿信息,接连参加了 2011—2013 年的江苏省哲学社会科学大会政治法律专场与马克思主义专场;这期间,主持了江苏省研究生科研创新基金项目,并出版了学术专著《论马克思主义政治自由观》。这期间,虽然学术成果屈指可数,但是,我确立了系统的学术价值观与学术方法论。

  攻读博士学位期间,我一方面注重学问的累积,另一方面注重完善自身的学术修养。读博期间,坚持一稿一投,尽管这让我的科研成果的发表非常艰难,但也让我的学术能力迅速提升;坚持读原著,与思想大师前行;坚持学术细节,细节决定成败。做学问的过程教会了我怎么去做一个优秀的人,一个优秀的学者首先应该是一个优秀的人。

  人生漫漫,学无止境。求知的路上,最值得感谢的人就是我的硕士生导师以及博士生导师王岩先生,他既是我的引路人,也是我求知路上的掌舵者。王岩先生的勇气、大气、霸气以及处处不经意显露出来的修养、素养、涵养让我在前行的路上知分寸、懂进退、谦虚谨慎、不骄不躁。我想,大抵这又是做学问的又一重境界吧。

  虽然博士已毕业多年,但是学术已然融入我的生命,推动学术事业的发展,推动中国政治文明的建设,将是我毕生的事业。在此之际,向所有帮助过我的人说一声:谢谢!我定将不负你们,把学问做好,把生活过好,让我的人生焕发出应有的活力与光彩。